人民日报学术文库

网络传媒视角下的马克思主义大众化研究

邓国峰　梁丁丁　胡启明　王占锋
韦诗业　邓　景　王　辉　王钰洋
◎著

人民日报出版社

图书在版编目（CIP）数据

网络传媒视角下的马克思主义大众化研究 / 邓国峰等著 . —北京：人民日报出版社，2017. 5
ISBN 978 - 7 - 5115 - 4776 - 7

Ⅰ. ①网… Ⅱ. ①邓… Ⅲ. ①马克思主义—大众化—研究—中国 Ⅳ. ①D61

中国版本图书馆 CIP 数据核字（2017）第 142752 号

书　　名： 网络传媒视角下的马克思主义大众化研究
著　　者： 邓国峰　等

出 版 人： 董　伟
责任编辑： 周海燕
封面设计： 中联学林

出版发行： 人民日报出版社
社　　址： 北京金台西路 2 号
邮政编码： 100733
发行热线：（010）65369509　65369846　65363528　65369512
邮购热线：（010）65369530　65363527
编辑热线：（010）65369518
网　　址： www. peopledailypress. com
经　　销： 新华书店
印　　刷： 三河市华东印刷有限公司

开　　本： 710mm×1000mm　1/16
字　　数： 120 千字
印　　张： 8. 5
印　　次： 2018 年 1 月第 1 版　　2018 年 1 月第 1 次印刷

书　　号： ISBN 978 - 7 - 5115 - 4776 - 7
定　　价： 68. 00 元

目　录
CONTENTS

第一章

网络新媒体视角下马克思主义大众化若干关键问题

一、网络传媒时代马克思主义大众化的研究现状

党的十八大报告强调，要推进当代中国马克思主义大众化，目前该研究领域仍具有很大的探索空间，截止到 2016 年 10 月，国内知识资源总库里面，相关马克思主义的文献有近 26 万篇，其中有 5441 篇论述马克思主义大众化。此外，对网络时代背景下马克思主义的发展进行不同程度探索的文献，有 314 篇，而研究网络传媒条件下马克思主义大众化的文献仅有 35 篇，这与我国目前网络用户数量世界第一，正从网络大国积极迈向网络强国，高校师生构成网络用户主体的现实状况极不相符。该课题的研究探索具有相当的新颖性。

国外在意识形态通过网络传播研究方面，盖瑞（Galley）认为意识形态通过网络传播的过程在信息控制和传播上始终具有不确定性，博隆多（Borondo）等从政治选择的角度出发，利用社交媒体产生的有效数据对政治对话和政治选择中产生的沟通模式进行分析，拜格（Baig，ShahbazS）等对使用者不经意地将网络作为一种模型，在社交媒体上分享自己的意识形态保持谨慎的态度，认为目前对过激的意识形态通

过在线媒体宣传的研究是迫在眉睫，威廉 D. 泰勒等认为意识形态团体（非暴力和暴力）广泛使用互联网开展多种用途，但很多人忽视了网站中不同意识形态对使用者态度和行为影响的有效性。总体上，西方学者对意识形态通过网络传播在实践层面引发的影响保持谨慎态度。一方面是言论自由的原则有可能在网络传播中被滥用，小群体意见趋同和走向极端化，同时网络也不断壮大着其对现实的影响力。① 同时，网络大数据也广泛应用在国外政治选举中，如奥巴马在第一次选举中充分利用网络视频和网络博客来宣传自己的政治主张，使得他大部分赞助金额都是来源于网络捐款，而在其连任选举中，也充分利用数据分析最可能支持他的选民，从而在竞选经费较少的情况下获得了连任。相对而言，国内在充分应用网络传媒及数据分析用于政治传播方面尚且处在探索性的阶段，但近期也取得了很大的发展。

此外，目前国内对于马克思主义大众化的探索主要集中在语义内涵和时代价值上，包括对其实现途径的研究和社会环境的解析及相关问题。王迁，邓淑华等认为马克思主义大众化的科学内涵包括“理论创新发展的马克思主义大众化和理论宣传教育阶段的马克思主义大众化的有机统一”，强调了理论创新和理论宣传教育的整体性；李亚青等认为大数据为马克思主义大众化开启了“数据驱动”马克思主义传播模式，搭建了以受众为核心的马克思主义网络传播平台，跨界融合形成“互联网 +”马克思主义网络传播链；王健等认为传统的政治社会（Political Society），被刚刚萌生的全新的中国市民社会（Civil Society）所冲击。因此，对这个新大众群体的马克思主义大众化过程，应该由以前的泛政治化的思维路径转到文化意义上来重新布局；唐剑，吴传一等认为运用统计学和传播学的相关理论构建合理的评价模型，对不

① 邓国峰. 网络传媒时代马克思主义大众化的若干问题［J］. 学术论坛，2009，32（6）：6－9.

同模式下的传播实效进行科学的量化比较，对于不同情势下选择对应的有效传播模式，利于推动马克思主义大众化的有序开展。王丹丹认为社会文化变迁改变了全社会的语言生态、话语权格局以及话语模式，这种变迁也给马克思主义大众化话语带来诸多困境，加强马克思主义大众化话语的感染力成为重要命题。

二、网络传媒时代马克思主义大众化研究的主要问题

上述研究就网络信息时代马克思主义大众化进行了全方位的探讨。但就网络信息时代的受众特质以及马克思主义进行大众化的内容实体在网络上的可行性方面相对较少，同时，对于网络已经超越了单个工具或者传播途径的范畴，而是逐渐发挥了胜过以往定义的任何一种新型媒介的特点和功用方面也缺乏足够的重视。以网络信息技术为代表的全媒体时代，不仅中国马克思主义大众化创造了空前的契机，伴随而来的还有前所未有的挑战。总体来说，网络传媒时代马克思主义大众化的研究需要高度关注以下几个方面的内容。

1. 网络全媒体的飞速发展对我国马克思主义大众化的契机和意义

网络已经构成了当前现实世界的一个基础性的要素，已经全面渗透到了国家政治经济文化以及人们的生活，网络的超时空性和多媒体性，不仅极大地促进了信息的传播，也给马克思主义在新的时代背景下的传播带来了空前的便利和积极作用。如何利用网民的高参与度所带来的契机，来发展马克思主义大众化，是一个亟待探索的现实命题。

2. 马克思主义大众化的理论发展沿革及内涵解读

研究马克思主义大众化理论提出的历史背景、变化过程、发展沿革以及对其内涵进行界定和深入分析，研究如何使“网络传媒”这个大时代背景下的马克思主义大众化，不产生偏差，从而违背其本来的目标。此外，马克思主义大众化的理论发展沿革经历了马克思主义化大众、大众化马克思主义和马克思主义大众化三个主要阶段。我们需要从这三个阶段的变迁中，研究马克思主义大众化的基本规律以及发展趋势。同时，需要辨析马克思主义化大众和大众化马克思主义双向互动的辩证过程。

3. 网络信息时代意识形态传播模式的变更和传播技术的发展

主要是研究在网络信息时代，西方发达国家如何充分利用传播学原理，对意识形态信息的传播过程、性质和效果进行多维度干预，并最终达到他们所期望的传播效果，这一方面涉及到西方传播理论的中国化发展，一方面涉及到我国如何利用自身的政治环境，发展出具有中国化特色的传播技术，同时研究如何用精细化的网络信息操作来控制网民的舆论和情绪反应方向。此外，网络媒介意识形态传播有了“生活化”的社会学转向，需要我们充分认识网络媒介技术，并且在工具和政治之间找到意识形态传播“生活化”的平衡点，从而提升我国当前宣传相对粗放化的局面。①

4. 网络的大众化与马克思主义大众化之间的关系研究

研究当前高速发展的网络用户中，真正的普及程度如何，是否已经真正的大众化，即实现互联网技术为广大民众所掌握，互联网工具为广大民众所运用，互联网信息为广大民众所分享，互联网文化为广大民众所推崇。同时研究网络发展本身“大众化”的过程以及与马克

① 邓国峰．网络传媒时代马克思主义大众化的若干问题［J］．学术论坛，2009，32（6）：6－9.

思主义大众化之间的关系，重点是如何根据网络受众的区别性来制定马克思主义大众化的策略和方法，以及相应的步骤和内容设计。

5. 网络传媒的载体性功用及其传播受众的转向和重构研究

研究不同的网络传媒，如网站、动画新媒体等的不同载体功用，工具性特征和发展趋势，同时在这不同的载体情况下，不同的受众的专项情况，受众的主体性历经了长期忽略、抑制——重新认定、被尊重——本位的过程。受众的主体性被挖掘、被认知的宏观背景是媒介产业化与市场化，媒介市场操纵的结果，新媒体的出现为受众的主体性建构提供了打破垄断的无处不在的技术优越性。但受众转向以及重构要加快其存身的各种社会因素，诸如政治、经济、文化、法制、道德等与现代性的全球化对接，这是研究马克思主义大众化的一个基础性条件，这需要进行多学科融合的探索。

6. 马克思主义大众化的网络传播境遇与优化路径

不能否认的是，网络传媒时代马克思主义大众化的网络传播面临着复杂的现实境遇：信息传播的自由化削弱了马克思主义大众化传播的控制权；信息传播的虚拟性损害了马克思主义大众化传播的公信力；信息传播的开放性降低了马克思主义大众化传播的针对性；信息传播模式的局限性降低了马克思主义大众化传播的实效性。针对以上现实境遇，需要积极研究如何构建马克思主义网络传播的优化路径，如何巩固马克思主义大众化的指导地位，从而加强党对意识形态的领导权。此外，对信息的监管、网络环境的有序性问题、传播者队伍建设、提高专业人才的传播力、优化整合传播媒介资源以及增强马克思主义大众化的影响力等都是需要重点关注的问题。

7. 网络传媒时代马克思主义大众化话语转换研究

网络传媒时代的信息传播具有互动性、多元性、快捷性和大众性的特点，信息文化以极为强势的姿态取代了已有的主流文化和精英文化，并把主流意识形态分解选取后以日常意识形态的形式作为主要载体。这种转变给马克思主义大众化提出了新的挑战。网络传媒时代，要使马克思主义理论为更多的人民群众所肯定和主动接受，就必须采取渗透的方式，将理论进一步通俗化、生活化、艺术化，促进马克思主义理论通过新媒体获得更广泛、更深化、更有效的传播。因而，需要研究如何从话语体系、话语形式、话语媒介等方面进行全面创新，以及如何通过新媒体不断丰富马克思主义大众化的实践话语，从而增进其传播效果。尤其是要构建互联网时代马克思主义自己的话语表达方式，建立中国特色的马克思主义大众化的话语体系。

8. 网络热点聚焦与引导对马克思主义大众化的方法学启示

当前由于网络对人们社会政治生活的高度渗透，网络热点已经基本上成为现实生活热点的镜像，因而，如何从网络热点的聚焦过程中发现人们的关注点以及社会情绪的变化，对于马克思主义如何和社会现实充分结合有高度的价值和意义，此外，网络舆论的引导的规律以及相关技能的应用，对马克思主义大众化更是有着直接的借鉴价值，同时，这也是实现马克思主义大众化的途径之一，即网络上的大众化应用，这些都具有较高的研究意义和价值。

9. 基于网络传媒的马克思主义大众化操作性应用研究

研究如何利用各种不同的网络传媒平台，如马克思主义大众化网站，思想政治教育网络平台，意识形态传播的论坛，社会主义核心价值观的微信公众号，微博号，以及各种马克思主义大众化包括社会主义核心价值观的动漫作品等，包括其具体的操作化步骤和应用技巧，以及相关的技术特点和注意事项等。因为在网络传播过程中，这些细微的操作化层面的差别往往会造成传播效果的巨大差异，因而需要高度重视。

三、网络传媒时代马克思主义大众化研究的研究意义及发展方向

必须以时代的和世界的眼光来看待网络传媒与马克思主义大众化问题，要有高度的危机感和紧迫感。网络快速的发展趋势是不可阻挡的，相较我国，欧美等西方发达国家进入网络传媒时代的时间更早、走得更远，并且很快地出现支持网络传媒的意识形态传播的新技术和新应用。我们必须对该领域的新生技术和应用进行跟踪研究并创建具有中国特色的马克思主义网络传播技术，才能在这场21世纪新阵地争夺战中占据主导权。

目前，传统的新闻和舆论控制方式已经难以适应当下的发展形势，具有区域集中特点的国内某些大型社区和校园网网络舆情由于计算机和网络的密集使用而显得尤其突出。由于历史原因，我国在较长一段时间处于隔绝状态，面对外来思想文化的入侵容易受到较大冲击。再者，目前我国正处于社会转型期，各种矛盾交织在一起，容易使部分人出现情绪化心理波动，容易把某些具体的事件扩大化，以致不能明辨是非。三是少数部门管理者对于舆论习惯于回避或搪塞，由怕出问题而变成怕公开信息，怕和群众对话，经常直接采用很粗糙的封杀屏蔽的方法来应对。因此，网络作为一把锋利的“双刃剑”为下情上传提供便捷途径的同时，对国内政治社会稳定以及高校正常教学管理秩序也构成了威胁。网络舆论主阵地的争夺日益激烈，传统的思想及其他斗争手段，在网络上将以更便捷有效的方式呈现，利用网络煽动串联、造谣毁谤将比在现实中更轻易实现，甚至更难以察觉。并且通过网络，一些落后腐朽的思想观念也更容易渗透进来。

在吸引眼球成了网络经济的关键，而投入巨资的商业化网络环境正在不断冲击着我们传统意识形态的传播效果的情况下，我们如何在

网上以对话和辩论的形式让民众接受和掌握马克思主义的基本理论，在马克思主义大众化的过程中既不因为过度通俗化而演变为庸俗化，又能符合网络时代的语言让人喜闻乐见，具有魅力和竞争力，来获取这场阵地争夺战的胜利。此外，如何具体地实施基于网络传媒的马克思主义大众化的操作性应用研究，面对无法预期的网络热点事件，如何利用理论的透彻性来进行网上舆论引导，并从网络民意中挖掘民众的智慧和真实诉求，从而提炼出马克思主义中国化、时代化的新发展，以及对这种操作性应用人才的培养机制的研究，都具有着重大的理论价值和现实意义。

参考文献：

[1] BorondoJ, Morales A J, Benito R M, etal. Mapping the online communication patterns of political conversations [J]. *Physica A: Statistical Mechanics and its Applications*, 2014, 414: 403 - 413.

[2] Baig S S, Wagh K P. User dominance measure in online community Forum [C]//*Advances in Electrical, Electronics, Information, Communication and Bio - Informatics (AEEICB)*, 2016 2nd *International Conference on*. IEEE, 2016: 434 - 437.

[3] Taylor W D, Johnson G, Ault M K, et al. Ideological group persuasion: A within - person study of how violence, interactivity, and credibility features influence online persuasion [J]. *Computers in Human Behavior*, 2015, 51: 448 - 460.

[4] 王迁，邓淑华．关于马克思主义大众化内涵、功能和目的的新认识[J]．毛泽东思想研究，2015，(3)：121 - 125.

[5] 李亚青，郭跃军．大数据时代马克思主义网络传播研究[J]．学校党建与思想教育，2016，(4)：15 - 17.

[6]唐剑,吴传一．马克思主义大众化的传播模式及其实效评价[J]．西南民族大学学报(人文社科版),2016,(2):207－212.

[7]王丹丹．马克思主义大众化面临的话语难题及消解[J]．当代世界与社会主义,2015,(6):36－39.

[8]陈红梅．网络表达及其对社会的影响—近十年来国外网络传播研究述略．新闻记者[J].2004(09).

[9]徐国民．"当代中国马克思主义大众化"学理探析[J]．中共南昌市党校学报,2008(02).

[10]张燕国．"推动当代中国马克思主义大众化"提出了哪些新要求[J]．湖北社会科学,2008(02).

[11]王健．新大众与马克思主义的新大众化[J]湖北社会科学,2008(02).

[12]刘书林．当代中国马克思主义大众化与思想政治工作新任务[J]．思想政治工作研究,2008,(01).

[13]邱柏生．推进当代中国马克思主义大众化的路径和过程[J].思想理论教育,2008,(05).

[14]王联斌．论推动当代中国马克思主义大众化．南京政治学院学报[J].2008(01).

[15]朱哲,曾庆勇．马克思主义大众化与马克思主义化大众[J].湖北大学学报,2008(05).

第二章

马克思主义大众化理论发展沿革及其内涵解读

马克思主义大众化是时代的要求,要使马克思主义在“网络传媒”时代背景下发挥更好的引领作用,就必须对其内涵进行细致深入的分析。作为无产阶级批评世界的武器,大众化是马克思主义保持生命力、不断创新发展的必由之路。十七大报告指出:“开展中国特色社会主义理论体系的宣传普及活动,推动当代中国马克思主义大众化。”①这指出了马克思主义大众化的奋斗方向。对马克思主义大众化的概念、理论发展沿革和网络传媒时代的具体寓意进行研究,是时代赋予的重要命题。

一、马克思主义大众化的概念辨析

马克思主义是人类最终取得自由和彻底解放的学说,大众化是其应有之意。马克思主义大众化的思想和实践始终贯穿世界社会主义运动的始终。不管马克思主义初创时期马克思、恩格斯倡导理论掌握群众的思想,还是社会主义由理论变成现实的苏俄时期列宁提出的最

① 中共中央文献研究室. 十七大以来重要文献选编. 北京:中央文献出版社,2009.

高的马克思主义就是最通俗的马克思主义，再到中国革命和建设时期毛泽东为代表的中国共产党人提出“我们说的马克思主义，是要群众生活和斗争里实际发生作用的活的马克思主义，不是口头上的马克思主义。”①可以看出大众化是马克思主义传播的不二选择，但大众化只是马克思主义传播的内在要求和实际现象，并不是一个专有名词。十七大报告第一次明确提出“大力推进理论创新，不断赋予当代中国马克思主义鲜明的实践特色、民族特色、时代特色。开展中国特色社会主义理论体系宣传普及活动，推动当代中国马克思主义大众化。”②尽管报告原文是推动“当代中国马克思主义大众化”，但学界在解读十七大报告精神时，实际上运用了“马克思主义大众化”的命题。在纪念十一届三中全会召开30周年大会上胡锦涛提到“不断赋予当代中国马克思主义鲜明的实践特色、民族特色、时代特色，不断推动当代中国马克思主义大众化。”③十七届四中全会通过的《中共中央关于加强和改进新形势下党的建设若干重大问题的决定》中提出“不断推进马克思主义中国化、时代化、大众化。”④至此马克思主义大众化正式走入人们的视野。马克思主义大众化经历了由少数革命导师的内在思想认识，到先进分子的自觉践行，最终达到现在多数人的理性共识。

马克思主义大众化是一个复合的概念，不同学者从不同维度入手往往得出不同的大众化内涵。何怀远基于马克思主义传播过程的视角，认为马克思主义大众化就是其在人民大众中得到普及的过程。陈方刘等认为马克思主义大众化是形成具有时代特点的马克思主义的过程。王桂泉等认为马克思主义大众化就是马克思主义蕴含的思想

---

① 毛泽东选集. 第3卷. 北京：人民出版社. 1991年第2版. 858.

② 中共中央文献研究室. 十七大以来重要文献选编. 中央文献出版社. 2009.

③ 胡锦涛. 在纪念党的十一届三中全会召开30周年大会上的讲话[N]. 光明日报，2008-12-19(3).

④ 本报编辑部. 中共十七届四中全会在京举行[N]. 人民日报，2009-09-19(1).

和价值观念被人民大众内化掌握的过程。姜洁晶等认为马克思主义大众化就是其实现通俗化的过程。还有人认为，马克思主义大众化是指马克思主义的通俗化、生活化、普及化和草根化，让马克思主义少一点“官气”，多一点“土气”；少一点精英化色彩，多一点平民化气息。大众化也可理解为马克思主义传播的结果，成为其日常价值追求和行为准则，在人民大众的日常言说中多有体现，成为社会大众的平时话语的一部分。

习近平同志在中央党校2009年秋季学期第二批进修班开学典礼上进一步阐明了大众化的深刻内涵：“马克思主义大众化，就是把马克思主义理论用简单质朴的语言讲清楚、用群众喜闻乐见的方式说明白，使之更好地为广大党员和人民大众所理解、所接受。”①从党员和群众理解接受的角度阐述了马克思主义大众化，给后来研究提供方向和启示。还有学者借用《党的十七大报告辅导百问》中的涵义：“马克思主义大众化就是指马克思主义由抽象到具体，由深奥到通俗，由被少数人理解掌握到被多数人理解掌握的过程。”②有的学者在此基础上进行了阐发，史正宪等认为“所谓马克思主义大众化，是指马克思主义在中国传播过程中，其理念、观点等基本原理通过民族化的形式由抽象到具体、由深奥到通俗、由被少数人理解掌握逐渐演变为被广大人民群众所认识、接受、掌握和应用的过程。”③有研究者认为“马克思主义大众化就是把马克思主义由抽象理论转变为生动具体的形式、由

① 习近平．关于建设马克思主义学习型政党的几点学习体会和认识——在中央党校2009年秋季学期第二批进修班开学典礼上的讲话（2009年11月12日）．共产党人．2010，（2）．

② 转引李粟燕，当代中国马克思主义大众化过程中的对话平台研究，南京航空航天大学博士论文，2012.

③ 史正宪、马振华，马克思主义大众化历史进程研究重庆科技学院学报（社会科学版）2010年第13期．

深奥思辨转变为通俗易懂、由被少数人所理解和掌握转变为被广大人民群众所理解和掌握，并转化为人民大众的思想、价值观和行为方式。"[①]还有人认为"马克思主义大众化不仅包括用马克思主义的理论成果化大众的工作，而且包括用大众的实践经验化马克思主义的使命。"[②]

"马克思主义大众化"作为一个判断语具有丰富的语义蕴含，在不同着眼点下具有不同的寓意。从主义的角度看，"马克思主义大众化"是指马克思主义化育大众。从大众的角度看，"马克思主义大众化"又有大众化变马克思主义之意。从过程的角度看，"马克思主义大众化"意味着马克思主义通过有效传播被大众接受，达到了"理论掌握群众"。从结果的角度看，"马克思主义大众化"又意味着大众掌握了马克思主义的立场、观点和方法并运用于实践，实现了"群众掌握理论"。从大众接受方式的角度看，"马克思主义大众化"是指马克思主义理论表现样貌的平民化和传播形式的大众化。从创新发展的角度看，"马克思主义大众化"有蕴含马克思主义的本土化和时代化。在当前我国马克思主义中国化、时代化、大众化的"三化"命题中，中国化、时代化是马克思主义大众化的前提基础，大众化是马克思主义中国化、时代化的目的和结果。可以看出，"马克思主义大众化"从根本上看是马克思主义化大众和大众化马克思主义的双向互动辩证过程，只不过在不同历史时期二者表现有所侧重，从而使马克思主义大众化呈现出立体复合的内涵。在当前中国实际境遇和语境中，课题组比较倾向江苏省委宣传部课题组的观点："马克思主义大众化就是把马克思主义由抽象理论转变为生动具体的形式、由深奥思辨转变为通俗易懂、由被少

① 中共江苏省委宣传部课题组．马克思主义大众化的科学内涵、历史经验及其当代实践路径，南京大学学报（哲学·人文科学·社会科学）2011 年第 4 期．

② 陈占安．试论马克思主义大众化的历史经验，学校党建与思想教育，2012，(11)．

数人所理解和掌握转变为被广大人民群众所理解和掌握,并转化为人民大众的思想、价值观和行为方式。”①

二、马克思主义大众化的理论发展沿革

马克思主义自诞生之日起就没有停止大众化的脚步。在世界范围内马克思主义的大众化的历史表现如下:第一次大众化是 1848 年到 1920 年间马克思主义在西欧的传播;第二次是 1870 年到 1990 年间马克思主义在俄国和东欧的传播;第三次是从 1917 年至今马克思主义在亚非拉的传播和实践。马克思主义在中国的大众化历程可从“五个历史阶段”、“两次历史性飞跃”和“两大理论成果”的角度来概括,五个历史阶段即:毛泽东领导的新民主主义革命、社会主义改造与社会主义建设的时期,十一届三中全会以后改革开放时期,十三届四中全会以后江泽民时期,十六大以后胡锦涛时期,十八大以来习近平时期;两次历史性飞跃:第一次历史性飞跃发生在毛泽东时期,第二次历史性飞跃发生在十一届三中全会后;两大理论成果即毛泽东思想和中国特色社会主义理论体系。马克思主义大众化有其发展沿革脉络:马克思主义化大众阶段——大众化马克思主义阶段——马克思主义大众化阶段。在理论传播传入时期是马克思主义化大众阶段,从革命导师的相关论述中就可看出端倪:“如果一个有学问的人不愿意自己堕落,就决不应该不积极参加社会活动,不应该整年整月地把自己关在书斋或实验室里,像一条藏在乳酪里的蛆虫一样,逃避生活,逃避同时代人的社会斗争和政治斗争。”②列宁等革命家理论家在批判修正主

---

① 中共江苏省委宣传部课题组. 马克思主义大众化的科学内涵、历史经验及其当代实践路径,南京大学学报(哲学·人文科学·社会科学)2011 年第 4 期.

② [法]. 保尔. 拉法格等. 回忆马克思恩格斯[M]. 北京:人民出版社,1973. 2.

义过程中推动马克思主义大众化,“没有革命的理论,就不可能有被压迫阶级的即历史上最革命的阶级的世界上最伟大的解放运动。”[①]列宁系统论述了马克思主义的“灌输”原理,提出“把社会主义思想和政治自觉性灌输到无产阶级群众中去。”[②]毛泽东推动马克思主义大众化的做法是通过各种手段宣传马克思主义,如 1919 年 7 月创办《湘江评论》,1920 年创办了文化书社。邓小平强调马克思主义大众化要发挥笔杆子的作用,邓小平曾被称为“油印博士”,在留法期间曾做过《赤光》杂志的编辑,通过办报传播马克思主义。大革命时期在瑞金办《红色中华》,长征前和长征中主办《红星报》,来推动马克思主义大众化。李达的做法一是创办刊物,1920 年创建党刊《共产党》月刊,在湖南自修大学创办《新时代》月刊,领导《妇女声》杂志等传播马克思主义。二是在论战中推动马克思主义大众化,如批判张东荪等无政府主义论战中传播马克思主义。艾思奇的《大众哲学》是以通俗化的语言宣传马克思主义哲学,为马克思主义哲学大众化做出了应有贡献。在马克思主义传入以后是大众化马克思主义阶段,即重点用传入地的实际经验化变马克思主义理论,体现马克思主义的地域特色。在欧洲随着各国无产阶级政党的成立,马克思、恩格斯一再强调其理论不是一成不变的教条而是方法,要体现各自的实际情况。列宁主义之对于俄国,毛泽东思想和中国特色社会主义理论体系在中国的创立就是其最好的说明。

三、网络传媒时代马克思主义大众化的具体蕴含

1. 马克思主义理论大众化

理论大众化是马克思主义大众化的首要基础和前提条件,不管是

① 〈列宁全集》第 2 版第 27 卷. 北京:人民出版社,1995. 15.

② 《列宁选集》第 1 卷[M]. 北京:人民出版社,1995. 285.

早期马克思和恩格斯对理论武装群众的重视,还是后来列宁对理论灌输群众的强调,可以看出马克思主义理论大众化是贯穿其中的主线。马克思主义理论大众化包含两个考量维度,从理论上看,大众化意味着通过对马克思主义的传播和接受,马克思主义实现了视野上开阔大众、精神上提升大众、方法上指引大众和实践上引领大众,马克思主义从功能上实现了理论化育大众。从大众维度上看,大众化又意味着人民大众化变马克思主义理论。唯物史观告诉我们,人民大众是理论创建和理论实践的主体。这就要求要重视和还原人民大众在马克思主义理论创建和实践中的主体地位,人民大众不是理论的被动接受者和履行者而是理论的创新者和建设者。

马克思主义理论化大众包括以下两个方面,理论掌握群众也即实现理论以其彻底性所表现的真理魅力来打动人民大众,赢得人民群众的接受和认同。这就要求马克思主义不仅要坚持意识形态研究取向还要坚持学术研究取向,紧贴社会实践,把握时代脉动,回应推进中华民族伟大复兴和实现中国梦历史征程中的真问题和大问题,以理论自身的科学性和前瞻性赢得大众。理论掌握群众又要实现理论满足大众对理论的需要。“理论在一个国家的实现程度决定于理论满足这个国家需要的程度。”[①]这就要求马克思主义理论还要有足够的张力和涵容力量,能最大限度满足人民的各种需要。马克思主义理论通过真理的魅力征服大众和通过满足利益需要打动大众,理论化大众还要更进一步实现理论的化育结果——群众掌握理论。即群众掌握了马克思主义理论的原理、精神、立场、观点和方法,成为人民大众改造世界的物质力量。

大众化马克思主义理论,就是人民大众是理论的主要创建者、实

① 《马克思恩格斯全集》第 1 卷[M]. 北京:人民出版社,1956. 462.

践者和创新者,而不是理论的被动接受者、粗暴被灌输者和简单活学活用者,人民大众依据社会实践的发展变化有条件、有能力创新和化变马克思主义既有理论。马克思主义理论从来不想成为高高在上被神化的精神压迫者,也不想成为被少数精英掌控成为垄断大众思想的工具,只想作为人民群众手中掌握的武器。在早期理论化大众是首要任务,少数知识分子和社会精英人物通过宣讲等形式起到了理论化育大众的作用。但在马克思主义创立160余年的今天,在中国共产党成立90余年、建国接近70周年、中国特色社会主义建设30多年的今天,再过分沿袭传统的理论化大众的思路也是不可取的。今天马克思主义理论大众化要强调大众化变马克思主义理论的重要性,应当使理论创新的主体回归人民大众,理论工作者把产生于大众实践中零散的看法和观点加以整理提炼,使其系统化、理论化,成为充满生机和活力的理论,用鲜活的中国特色的马克思主义理论指导中国当下实践。

化理论精神是马克思主义理论大众化的又一表现方面。就是把烙印上人民大众的精神底蕴赋予理论品格中去。另一方面表现为化理论内容。历经社会主义革命、建设和改革时期,把优秀经验上升为理论化马克思主义的理论内容体系,正如邓小平所言:联产承包的发明权归于农民。整个中国特色社会主义理论体系顺应大众意愿,代表大众利益,从战略上回答了建立什么样国家怎样建立、什么是社会主义怎样建设、建设什么样政党怎样建设、什么是发展怎样发展、什么是中国梦怎样实现等时代课题,人民大众在实践中化变了中国马克思主义理论的内容体系。再一方面表现为化理论形式。表现为马克思主义理论说人民大众喜闻乐见的话。邓小平关于社会主义的“猫论”和“摸论”,习近平“中国梦”的表述,都是用通俗易懂的大众化语言假借伟人之口表现出大众化的理论形式魅力。与此相反,如果放任学术语言、官方语言、文件语言包装的理论大行其道,其结果只能是马克思主义理论经院化、官方化的倾向愈发明显，即“问题越来越高雅，视阈越来越狭窄，字眼越来越生僻，概念越来越抽象，语言越来越晦涩，文章越来越难懂。”①最终导致在对内宣传中理论与大众越来越疏远。同时缺乏大众化理论的引导，也造成少数人囿于小圈子而自言自语、自说自话，尽管也能相濡以沫，毕竟还是形单影只，造成在对外宣传中既不能主导话语，也无法开辟话语，只能紧跟西方淘汰的话语亦步亦趋。

马克思主义理论大众化说到底是强调大众是理论创建的主体，马克思主义是植根于人民大众的理论。

2. 马克思主义实践大众化

马克思主义看重实践，实践是联系主观与客观的桥梁和检验认识真理性的唯一标准，人民大众对理论的认识、接受主要通过实践这一感性形式得到说服。马克思主义实践大众化包含大众化实践和实践化大众两个方面的含义。

实践化大众是指马克思主义必须从理论理论形态回到具体的问题境遇，利用实践本身直接性和现实性的特点来化育大众。“一步实际运动比一打纲领更重要”（马克思语），马克思主义通过实践化大众意味着马克思主义要关注现实问题，而在此问题上往往出现偏离倾向。“马克思这位历史唯物主义的创始人，不断地从哲学转向政治学和经济学，以此作为他的思想的中心部分；而1920年以后涌现的这个传统的继承者们，却不断地从经济学和政治学转回到哲学——放弃了直接涉及成熟马克思极为关切的问题。”②要求宣传教育中要改变传统的宏大叙事方式，即改变过多从无产阶级、人类解放的历史使命和人类社会发展的进程、归宿中强调马克思主义的伟大、光荣和正确，而

---

① 陈曙光．改革开放30年来马克思主义大众化的反思[J]．武汉理工大学学报（社会科学版），2008，(4)，456.

② [英]佩里·安德森：西方马克思主义探讨[M]．人民出版社1981版，68－69.

要回归现实需要，避免马克思主义宣传因脱离实践而沦为高端、大气和上档次的空洞说教。实践化大众又强调实践是检验人民大众是否真正掌握马克思主义理论的标准，“人的思维是否具有客观的真理性，这不是一个理论的问题，而是一个实践的问题。”①。

大众化实践是实践主体化的必然要求和结果。实践是具体的、历史的，总要受一定条件的制约表现出一定的局限性，成功的实践是行为要求符合社会条件的结果，失败的实践是行为背离社会条件的必然归宿。在国际共产主义运动和中国社会主义建设进程中出现的挫折与失误很多与错误的实践要求密切相关，因为对于同样实践问题，理论权威、政治精英、领袖人物和人民大众的观念和看法有很大不同，理论权威、政治精英、领袖人物由于对马克思主义理论经典的理解和对以往社会经验的把握比较深刻，往往站得高看得远，其实践倾向宏大的战略性问题。从前苏联斯大林在 1936 年宣布苏联已经建成了社会主义，到 1959 年赫鲁晓夫提出“全面开展共产主义社会建设时期”，再到 1958 年毛泽东认为“共产主义在我国的实现，已经不是什么遥远将来的事情了”，要“跑步进入共产主义”，就可以看出理论权威、政治精英、领袖人物的宏大理论视野和超高的实践要求，这一要求又恰恰背离了社会实践条件，失误、失败在所难免。“理论是灰色的，而生活之树常青”（歌德语），人民大众处在社会生产、生活的第一线，其实践倾向往往更加务实，多关注微观、具体的东西，在很大程度上能弥补理论权威、政治精英、领袖人物过高实践要求的缺陷，更符合社会的具体实践条件。中国从人民公社的摒弃到农村联产承包责任制的推行就可以看出社会实践问题的发现者、实践任务的推动者、实践过程的感受者和实践结果的评判者是人民大众，社会实践及其结果还是要看人民

---

① 《马克思恩格斯文集》第 1 卷，北京：人民出版社，2009，500.

同意不同意、答应不答应、高兴不高兴和满意不满意为依据和鹄的。唯有如此,理论权威、政治精英、领袖人物才能和人民大众一道能推动社会进步。

实践大众化的要义是重视通过实践化育大众的重要作用,让实践由少数人领导指挥变成多数人的自觉行动。

3. 马克思主义创新大众化

“创新是一个民族进步的灵魂,是一个国家兴旺发达的不竭动力。”①马克思主义重在创新,必须从对马克思主义不合时宜的理解中解放出来,从对马克思主义的教条式理解中解放出来,结合新的实际,在明确哪些是马克思主义必须坚持的基本原理,哪些是马列经典作家针对个别事物的具体论断,哪些是实践基础上的重新创新。

大众化马克思主义创新是指要改变传统观念上对理论创新的偏颇认识,认为理论创新只是社会精英的工作,人民大众只有活学活用的份。这其实颠倒了马克思主义的理论创新观,理论创新归根到底是人民大众完成的。理论创新不会凭空而生,人民大众在实践中产生了理论创新的需要、的内容和方向,实践推动着理论创新不断完善和发展,理论创新最终是大众诉求的体现。社会精英在理论创新中功不可没,但必须与大众融为一体、打成一片,在大众实践中汲取理论创新营养,才能发挥在理论创新中的作用,脱离大众实践的理论创新,必然是无源之水、无本之木。事实上群众永远走在领导的前面,领袖的的作用就是善于把大众在实践中的创新理论化、系统化,形成反作用于大众实践的理论。

马克思主义创新大众化其实质是,要发挥人民大众在理论创新中的根本作用,实现马克思主义理论创新由少数人倡导下的变革变成大

---

① 江泽民文选(第1卷)[M].北京:人民出版社,2006.433.

多数人参与下的改变。

4. 马克思主义传播大众化

马克思主义要成为社会主导意识形态,成为人民大众的信仰,离不开广泛有效的传播。人民大众既是马克思主义传播的受体又是其理论传播的主体。作为理论传播的受体,传播大众化是指传播化大众,即马克思主义通过有效合理的传播化育大众。作为理论传播的主体,传播大众化是指大众化传播,即大众以自己的方式化变马克思主义的传播对象、内容和方式。事实上马克思主义传播化大众和大众化传播是相辅相成、相得益彰的。马克思主义作为产生于西方的世界性理论,要在东方中国的土地上生根、发芽、开花、结果离不开早期先进中国人的积极传播。不管是通过早期知识分子的引介使马克思主义开始在中华大地开启民智,还是各地共产主义小组建立和中国共产党成立后马克思主义更得到有效充分的传播,在演讲、辩论和宣传等形式的传播中化育大众。在不同建设时期,中国共产党作为执政党充分利用报纸、电视、广播、网络等传统和现代媒体传播马克思主义,充分发挥以各种形式的传播化育大众的目的。

作为理论传播的主体,传播大众化又是指大众化传播,就是说大众不是理论传播的被动接受者,而是理论传播的积极参与者和选择者,大众化变马克思主义的传播主体、传播对象、传播内容和传播方式。大众化传播主体就是改变只有政治精英、理论权威等才是是马克思主义理论的传播者,事实上,人民大众与理论工作者一道促进了马克思主义的传播,离开了大众的积极参与的“合唱”,少数精英的传播也会孤掌难鸣。大众化传播对象要求在马克思主义传播过程中针对不同的大众群体传播对象要区分对待,即针对不同的对象,不能搞眉毛胡子一把抓的一刀切,传播方式也不能搞一条道走到黑的以不变应万变。广大群众是马克思主义理论接受的对象,是较低层次的信念传播,党员干部是马克思主义理论武装的对象,要求是更高层次的信仰传播,从事体力劳动的大众因文化层次较低适合感性形式传播,从事脑力力劳动的大众因文化层次较高更适合理性性形式传播。大众化传播对象就是要求马克思主义传播过程中因大众的阶层分野而采取分层传播,以增强传播的针对性。大众化传播内容就是要针对不同大众的相异口味选择适合其需要的内容。马克思主义是博大精深的理论体系,其内容可以用卷帙浩繁来形容。且不说所有马克思主义经典作家的论著,仅已出版的马恩、列全集、选集、文集就有 100 多卷,加上毛泽东选集、文集十几卷即使专业研究人员也未必全面掌握其内容,更不用说普通民众了。大众化传播内容就是依据大众的接受能力和接受需要而有所侧重:对马克思主义经典作家的文本,采取少而精管用的原则取舍其大众化的内容。对于当代中国马克思主义要本着全面与重点相结合的原则设计大众化的内容。采取少而精管用的原则要求在传播内容上选择与大众自身利益和实践息息相关的内容进行精准化传播。从历史上看,毛泽东在党的七大总结讲话中提出向大家推荐《共产党宣言》、《社会主义从空想到科学的发展》、《在民主革命中社会民主党的两个策略》、《共产主义运动中的左派幼稚病》、《联共(布)党史简明教程》5 本书,马、恩、列、斯的著作都含有了。邓小平也说自己的入门老师是《共产党宣言》和《共产主义 ABC》。革命导师在马克思主义传播内容大众化方面做出了少而精管用的表率。对当代中国马克思主义本着全面与重点相结合的原则设计大众化的内容就要求中国特色社会主义理论体系传播内容要打破传统的宏大历史叙事方式和体系化的内容叙事方式,采取更适合大众需要的问题导向叙事方式和主题导向的叙事方式。问题为导向的叙事方式是依托大众利益相关的热点问题选取相应的马克思主义理论内容既解答大众疑惑又宣传了马克思主义知识,是马克思主义内容传播大众化的好形式。《理论热点面对面》、《党员干部关心的25个科学发展观问题》等就是很成功的范例。主题为导向的叙事方式是结合中国社会发展的阶段战略实际,选择针对性的主题内容回答反映时代要求的战略问题。主要围绕“为什么走中国特色社会主义”、“什么是科学发展”、“怎样实现中国梦”等时代主题选取传播内容,通过主题内容传播达到凝聚中国力量的决心和走中国道路的信心。大众化马克思主义传播方式就是马克思主义传播方式要紧跟时代发展以大众喜闻乐见的方式来传播,可以说大众喜好的方式就是马克思主义传播的主要方式。传播方式大众喜欢则传播效果事半功倍,传播方式偏离大众要求则传播效果事倍功半甚至无效。当前生活化的传播方式和新媒体传播方式是马克思主义传播大众化的两大主要传播方式。传播方式生活化就是要求马克思主义传播要贴近大众生活、贴近大众实际,用生活化的语言和生活化的渠道传播马克思主义。历史上艾思奇的《大众哲学》和现在社区、社团的微传播和软传播宣传都是马克思主义传播生活化的成功例证。新媒体传播就是马克思主义传播要紧跟时代步伐大胆创新、灵活运用互联网、手机等新兴传播媒介和平台,以现代化的“键对键”的信息传递方式和“面对面”的视频传递方式传播马克思主义。尤其是随着社会主义市场经济的发展,我国进入了大众化时代,“当代中国马克思主义的大众化在某种意义上可以说是主流意识形态不断进入到大众文化场域的过程,多样化的社会思想观念在这个场域中展示和产生影响,大众仿佛置于‘思想超市’,选择的空间大大拓展。当代中国马克思主义只是其中的一种‘商品’,如何使大众认同、接受、喜欢、‘购买’和使用,那就看如何搞好营销了。”为此要发挥新媒体传播快速便捷的特点,推进马克思主义传播方式大众化,让马克思主义成为大众“思想超市”里的主打和抢手“商品”。马克思主义传播大众化的主旨就是在理论传播上转变观念,改变由政治精英、理论权威来倡导的小众传播变成人民群众积极参与的大众传播,从大众的视角选择大众需要的方式进行理论传播。

四、结　语

马克思主义大众化命题的提出马克思主义传播的实然做法和应然要求,体现了中国共产党在新时期领导人民勇于创新的理论自信。在大众化的双向互动过程,任何片面强调一方忽视另一方的做法都会影响马克思主义大众化的历史进程。在全面推进中华民族伟大复兴和实现中国梦的时代关口,理解把握马克思主义大众化过程中理论大众化、实践大众化、创新大众化和传播大众化及其辩证运动,使马克思主义在感情上更好亲近人民大众、在内容上更好靠近人民大众、在形式上更好贴近人民大众。让马克思主义大众化无愧于我们的时代。

参考文献:

[1]本报编辑部. 中共十七届四中全会在京举行[N]. 人民日报,2009-09-19(1).

[2]史正宪,马振华. 马克思主义大众化历史进程研究重庆科技学院学报(社会科学版)2010 年第 13 期

[3]列宁选集,第 1 卷[M]. 北京:人民出版社,1995. 285.

[4]江泽民文选:第 1 卷[M]. 北京:人民出版社,2006. 433.

第三章

网络新媒体及其传播受众的转向和重构

一、新媒体的出现及其发展

(一)新媒体的内涵

1.新媒体概念

新媒体是相对传统媒体而言的,“继报刊、广播、电视等传统媒体后发展起来的媒体形态,主要通过互联网、卫星、无线通信网等渠道,以及电脑、手机、数字电视机等终端,向用户提供信息和娱乐服务的传播形态和媒体形态”①,以人际传播和群体传播为主要传播类型。

回顾自互联网兴起至今的新媒体发展之路,在当下数字传输技术突飞猛进的电子传播时代,应该始终客观地看待新媒体的不断发展。短短的五六十年,媒体的发展经历了三个阶段:精英媒体、大众媒体和个人媒体。每一次媒体的发展和变革无不掀起一场破旧立新的风波。

---

① 百度. 新媒体[EB/OL].[2015-08-29]http://baike.baidu.com/link?url=Pd-GUJwut8BJzq2JLCyFFQwmkg1MJVQXIJwWkOw20hkmL73M8schrN-x1OnGhj4SoJTSfomA5fBJn43t3B-1Oplf9pe5cZ5-_BKLKdzei1UVknihZ6ga-KOVYFQV6RxXb

2. 新媒体的主要形态及传播特征

(1)主要形态新媒体技术最早出现在20世纪的中后期,其科技基础和最主要的标志是计算机的发明和网络技术的应用。新媒体有三种较为常见的形态:互联网新媒体、移动终端新媒体和数字电视新媒体。

(2)传播特征新媒体的特征包括:交互性、即时性、海量性、共享性、个性化、社群化等。交互性是新媒体的本质特征,使得人与人之间的交流和合作变得更为亲切。随着新媒体传播技术的发展,以网络为平台的新媒体能够实现"点对点"、"点对面"、"面对面"的交互传播。新媒体时代的传播方式是通过互联网和媒体进行传播。同时,这种交互具有即时性,参与各方都能够立即得到反馈信息,彻底打破了大众媒体对信息的把控。新媒体使信息的传播流通更为自由,可以在全球范围内快速传播,有数目巨大的没有性别、肤色、种族以及国籍之分的人可以在任何时间、任何地点在网络上和其他人进行任何形态信息的沟通交流。

新媒体渗透了现有的所有领域,可以实施个性化的精确传播,并且这种个性化传播可以精确指向到单个个体。人们可以在BBS论坛、SNS网站、微博、微信等社交网络媒体中,以任何形式发布、转载、评论各种内容和信息。网络上的个体根据自己的喜好在网络上与不同的人群讨论兴趣相投的话题,形成一个个"社群",从而新媒体可以有针对性地实现小众化传播,以取得良好的传播效果。

(二)全球新媒体发展动向及态势分析

从宏观看,全球新媒体主要有四个发展动向,在此进行分析。

1. 新媒体全方位渗透社会生活

"网络逐渐不是一桩事物,而愈来愈是一个环境。它将占满全部空间,大家在它里面做各种事,而不是把它放在箱子里像个应用软件。”[①]新媒体终将成为物联网发展当中不可或缺的操控终端与工具,同时迎来更大发展空间与更多契机。

新媒体时代的国际传播,受众不再是单纯的受众,事实上应该定义为用户,新媒体传播模式已超越传统的“传—受”分明的国际传播界限,开创了自媒体新格局。社区论坛或者是社交网站不仅限于用来发布个体或群体对一篇文章的观点与见解,它还意味着利用互联网数字终端来创造更宽泛的与用户对话的机会。同时,社交媒体还成为推动社会变革的重要力量。“奥巴马两次当选美国总统的竞选过程让世人充分认识到社交媒体的力量,在选举日当天,Twitter 上共产生了 3100 万条与大选相关的 Tweets,高峰时期平均每分钟就能产生 327452 条 Tweets 信息,峰值纪录是 874560,大约每秒 15107 条 Tweets”。[②] 新媒体对人们生活的影响涉及很多方面,“新媒体平台信息的发布与互动已成为各国政府、企业、机构信息传播与宣传的重要内容。”[③]

2. 新媒体发展进入“大数据”时代

在维克托·迈尔-舍恩伯格及肯尼斯·库克耶编写的《大数据时代》中大数据指采用所有数据进行分析处理,是一种海量、高增长率和多样化的信息资产。有媒体将 2013 年称为“大数据元年”,随着云计算时代的到来,大数据从概念变为现实,并且对社会生活的方方面面产生影响。当前,全球大数据产业日益活跃,技术演技和应用创新加速发展,各国政府也逐渐认识到大数据在推动经济发展、改善公共服务,乃至保障国家安全方面的重大意义。世界各国面临大数据时代的

---

① 转引约翰·布洛克曼. 未来英雄[M]. 海口:海南出版社,1988:76.

② 严三九、刘峰. 全球新媒体发展动向与态势分析报告[J]. 新媒体与社会,2014(3).

③ 严三九、刘峰. 全球新媒体发展动向与态势分析报告[J]. 新媒体与社会,2014(3).

巨大挑战,纷纷采取措施积极应对,借助技术的变革实现跨越式的发展。“市场研究公司 IDC 预测,2015 年大数据市场规模将从 2010 年的 32 亿美元增长到 170 亿美元,复合年增长率为 40%。”①在未来几年,全球大数据份额会实现井喷式的增长。

3. 互联网移动化快速发展

近几年来,移动互联网用户数成为新媒体领域中的快速增长点。智能手机以其个体化、移动化的特性,已经成为人们日常沟通的必需品。近年来,数字网络技术高速发展,媒介个性化的诉求,手机新媒体的自媒体化特性日渐显现。“移动互联网的发展一方面取决于网络和宽带技术的发展,另一方面得益于智能通讯及信息终端的普及,具备了这两个条件,受众可以通过手机、平板电脑等工具随时随地接入互联网。”②

“移动传播是数字传播发展进程中的一个新飞跃,它所带来的影响目前还只是展露出冰山一角。”③2013 年,各大互联网公司和传统媒体将移动新闻客户端作为移动端的竞争新焦点。世界各大知名厂商在技术升级、无线网络覆盖、移动终端研发到内容与应用创新等各个方面进一步加大投入。进一步推广覆盖 WiFi 无线信号,4G 技术逐渐成熟并投入商用,为移动互联网更快速的发展打下基础。“美国移动广告市场的规模将从 2012 年的 44 亿美元发展到 2016 年的 118.7 亿美元,而据 Gartner 报告称,随着移动广告营收不断为应用程序开发者、广告网络和移动平台供应商创造机会,2016 年移动营收有望增至

---

① 中文互联网数据资讯中心. IDC:预测 2015 年大数据市场规模达到 170 亿美元[EB/OL].[2015-08-29]http://www.199it.com/archives/204565.html

② 严三九,刘峰. 全球新媒体发展动向与态势分析报告[J]. 新媒体与社会,2014(3).

③ 彭兰. 社会化媒体、移动终端、大数据:影响新闻生产的新技术因素[J].《新闻界》,2012(16).

245 亿美元。”①

随着移动互联网快速发展，受众的自主性也在不断增强，网络服务日趋个性化。一方面，无线网络覆盖面扩大、网速提高，各种智能终端包括手机、平板、笔记本等，成为更受欢迎的大众上网方式。另一方面，移动互联网具有便携性，能够将受众信息定位精确化，同时大众可以获得更大的交互空间与自主权，自媒体属性愈发显现。

4. 社交媒体功效突显

社交市场分析机构 We Are Social 公司发布的 2015 年社会化媒体、数字和移动业务数据趋势报告，指出全球上网人数达到 30 亿，有近 20 亿活跃的社交账户，活跃的移动设备社交账号占了 16.8 亿。受益于智能手机和移动 APP 的增长，“社会化媒体融入主流社会，逐渐发展成为可与搜索引擎、门户网站和电子商务相匹敌的互联网基础性应用，并基于社会化媒体平台延伸出来的第三方应用，从而引发了全新的社会化商业变革。”②政府、企业为提高工作效率，开始广泛应用社交媒体，并将其作为进行有效管理的重要工具，研发的社交媒体的传播平台及衍生应用层出不穷，为用户提供更为个性化服务，社交媒体领域吸引了大量投资聚集，使其成为新的产业增长点。

此外，社交媒体因其具有强大的传播能力，吸引了大量广告商投入其中。2013 年，社交媒体广告快速增长，成为网络营销的主流，用户参与和社交媒体的传播模式改变社交媒体广告的生产和传播方式，扩大了创意空间，产生出更多具有创新性的广告模型，以符合受众接受习惯的方式获得推广。根据 BIA/Kelsey 针对美国本地社交媒体广告 2012－2016 年的预测，“美国社会化媒体广告规模将在 2016 年达到

① 2016 年移动营收有望增至 245 亿美元[EB/OL].[2015－08－29]http://it.sohu.com/20130117/n363825002.shtml

② 童清艳. 中国新媒体产业发展的现实议题[J]. 新闻记者，2012(2).

92亿美元,2012年社会化媒体的广告收入则为46亿美元,年度复合增长率达19.2%。本地社交广告支出将从2012年的11亿美元增至2016年的29.5亿美元,年度复合增长率28%;而全国性的社交广告规模2012年为34.7亿美元,2016年将达到62.6亿美元。"①

(三)我国新媒体发展现状及趋势

1. 我国新媒体发展现状

(1)新媒体明显趋于移动化

据中国互联网信息中心第35次《中国互联网络发展状况统计报告》显示,"截至2014年12月,我国网民的规模已达到6.49亿,2014年新增网民3117万人。互联网普及率为47.9%"②,较2013年底提升了2.1%。台式机、笔记本等传统上网设备的使用率保持平稳,移动上网设备的使用率继续增长,通过手机接入互联网的比例进一步增高,较2013年底提高4.8%,新网民最主要的上网设备是手机,使用率为64.1%。据统计,2014年"我国手机网民规模高达5.57亿,与2013年相比增加了5672万人。"网民中使用手机上网的人群占比比2013年提升了4.8个百分点。由此可见智能手机是中国网民的主要上网途径。

(2)微应用成为主流传播方式

政府信息公开制度建设开始迈入微政务时代。根据《2014年全国政务新媒体发展研究报告》统计,"截至2014年11月底,我国政务微博认证账号(含新浪微博、腾讯两大平台)达到27.7万个,累计覆盖

---

① 中文互联网数据资讯中心. BIA/Kelsey:美国社会化媒体广告规模将在2016年达到92亿美元[EB/OL].[2015-08-29] http://www.199it.com/archives/81547.html

② 中国互联网络信息中心. CNNIC发布第35次《中国互联网络发展状况统计报告》[EB/OL].[2015-08-29]http://www.cnnic.net.cn/hlwfzyj/

43.9 亿人次，中央国家机关政务微博认证账号达到 219 个，省级及以下各级单位政务微博认证账号超过 19.4 万个。"[①]同时，全国 17217 个政务微信账号推送内容 300 万次以上，推送微信文章超过 1200 万次。随着智能手机的普及，政府、企业、城市社会公共服务应用政务微博、微信等，在应急管理、舆论引导、社会组织动员等领域发挥出了强大的社会功能，微博、微信逐渐成为主流传播方式。

（3）微信应用普及

2013 年微信用户已达 6 亿，海外注册用户超过 1 亿，成为全球下载量和用户量最多的通信软件。根据中国互联网信息中心（CNNIC）的研究，到 2015 年"微信已不单单只是一个充满创新功能的手机应用，覆盖 90% 以上的智能手机，成为人们生活中不可或缺的日常使用工具。"[②]截止 2015 年 3 月，"微信用户覆盖 200 多个国家、超过 20 种语言。各品牌微信公众账号总数超过 800 万个，移动应用对接数量已经超过 85000 个，微信支付用户高达 4 亿左右。"[③]

（4）社交媒体成为传播政治新途径

2013 年社交媒体成为中国共产党十八届三中全会会议宣传报道和有关解读传播的新途径。据统计，"各大微博、微信、移动新闻客户端等平台在一周时间内共摘编了《中共中央关于全面深化改革若干重大问题的决定》以及习近平总书记关于《决定》的说明超过 60 条，网民转发量超过 70 万次，评论超过 800 万条，相关信息覆盖超过 3 亿网

① 2014 年全国政务新媒体发展研究报告.［EB/OL］.［2015－08－29］http://news.xinhuanet.com/2014－12/25/c_1113781094_3.htm

② 2014 年全国政务新媒体发展研究报告.［EB/OL］.［2015－08－29］http://news.xinhuanet.com/2014－12/25/c_1113781094_3.htm

③ TechWeb.2015 微信用户数据报告［EB/OL］.［2015－08－29］http://www.techweb.com.cn/internet/2015－06－01/2158984_1.shtml

民。”[①]由此可见社交媒体的自媒体属性使大众更为主动地参政议政，表达政见。

(5)大数据促使互联网应用发展

2013年是大数据技术接轨商业应用的快速发展阶段，随着大数据技术的日益成熟，市场体量也将进一步放开，“到2020年网民数据的价值将突破300亿”[②]。大数据终将成为新媒体产业的又一新兴商业模式。

(6)4G进入商用

2013年工信部颁发“LTE/第四代数字蜂窝移动通信业务（TD-LTE）”经营许可，中国电信、中国移动和中国联通三大电信运营商获颁4G牌照。4G的商用也将为移动互联网快速发展添加助力。

2. 我国新媒体发展趋势

2013年以来，中国新媒体发展进一步移动化、融合化和社会化。

第一，基于移动互联网的微博、微信、微视频、客户端成为主流传播方式，这一方式改变了中国的传播生态和舆论格局。当前，微博、微信、微视频等应用正迅速向政务等领域延展，使公众被动获取公众信息转变为政府主动提供服务。

第二，传统媒体纷纷主动寻找新媒体结合点，创新传播方式，而新媒体则以技术优势整合传统媒体资讯进行再传播，将引发又一轮传媒革命。

第三，新媒体迅速向政治、经济、社会、文化各领域延伸。微政务成为创新政府公共服务的新方式。推动产业升级和互联网金融快速

① 网民盛赞微博微信新闻客户端传播习近平讲话．[EB/OL]．[2015-08-29]http://money.163.com/13/1120/19/9E59PNTV00254TI5.html

② 唐绪军．新媒体蓝皮书：中国新媒体发展报告No.5(2014)[M]．社会科学文献出版社，2014.

发展。微交往、微文化正在推动社会结构变革和文化发展。

第四，新媒体高速发展的同时，安全问题日益成为各国国家战略考量的重点。2013 年以来，中国新媒体与社会环境相适应，与政治环境、经济环境相渗透，成为了一种有益于社会发展的渠道方式。

二、新媒体传播的受众变革

（一）受众是什么？

要回答这个问题，首先要回归到传播的基本构成要素。通常而言，传播学教材认为其要素包括传播主体（传播者）、传播客体（或受众）、传播信息（内容）、传播渠道（媒介）、传播效果（反馈）。

因此，受众可以说是一个宏观的集合体，也可以看成是各个独立的微观个体；既可以看成是读者，也可以看成是听众，或者网络媒介的接受者；受众也可以说是各种传媒包括广播、电视、网络的共生物。整个信息传播过程，实际上是传播者、媒介、受众等要素构成的既矛盾又统一的运动过程。

传播者与受众是一对主要矛盾。人们通常把受众当成传播客体，把信息传递者看作传播主体，从而达成一种“主－客”的建构框架，该模式造就了理论上传者和受众之间的对立，把两者置于传播的两极，割裂了传者与受众的关系。传播学上广为流传的“枪弹论”“强效果论”等理论，在理论解释上趋向于把受众看成是毫无抵抗力的信息的被动接纳者，信息传播者往往是传播环境的把控者。不过，人们逐步认识到，受众并不是一个麻木的，任由摆布的个体，由于环境或者个体差异，不同的受众对于即便完全的信息传播也会有不同的感触，受众在传播学当中被重新估量。

20世纪60年代,受众中心论开始盛行,颠覆了以往的传者中心论。[1]受众中心论认为,受众在传播当中居于主导地位,媒介是被动者。人们认为受众是主导传播过程的中心,具有某种固定的主体本质,因此,受众本位意识论认为,受众积极主动寻求对自身有利或感兴趣的信息并为己所用,整个过程并不是消极地"接受"信息。为了达到传播效果,传者必须顺应受体的主体本质,受众中心论就有意识或无意识地把受众物化、科学化、市场化了。

受众是被动抑或主动,被媒体操纵或被媒体迎合?人们莫衷一是,当受众被想象成盲从、对媒体工具毫无抵抗力的大众时,传播学的受众理论表现为操纵性倾向的一厢情愿;当把受众置于传播过程的核心时,受众理论出现了迎合倾向的市场化热情。理性化思考受众及其理论是非常必要的。

其实,传递者与受众应该是"共生""互构"和"协商"的,而不是传递者主宰受众,或受众主导传者的行为与内容。"主-客"思维方式歪曲了事实,主客对立论或者单一主体论使我们错误地认为,在社会或者人际之间的传播活动当中,传播者和接受者是对立方,传播活动就是传播主体有意识有目的的向客体传播信息的过程,两者之间的反向关联和互动的角逐被忽略了;此外,在信息传播过程中,由于交互所产生的"人际关系"被忽略,从而导致了传播的环境改造,主客体互为转化游离与信息传播的考量范围;有些人甚至认为传播是征服大众、权力赖以行使的机制。

总之,受众研究的重心经历了"以传者为中心"到"以受者为中心"的变迁,出现了从行为到社会文化视野的迁移。受众的主动性与被动性关系历经"被动"到"主动"再到"相对主动"的演化过程。受众作为传播关系中的核心一环,其主体性只有在传播主体间延伸,亦即在传播主体与主体的相互融合、相互沟通、相互印证中延伸。只有这样,受众的价值和意义才能得到更好的理解和铺陈。

(二)新媒体环境下的受众

1. 新媒体环境下受众研究理论转向

近些年来,以网络化和社交化为特征的新媒体风起云涌,为经济社会生活书写了新的图景。新媒体不仅解构了传统传播体系,各种传播关系与要素都得以重塑,而且创造了传媒世界新秩序。受众在新旧媒体交叉融合的传播环境当中,其心理、结构、行为方式也相应发生了改变。当然,受众主体性身份的自由蜕变除了技术力量的施加之外,还需各种社会因素的涵化影响。因此,受众不应只是技术的产物,无论技术力量如何推广,受众还必须是社会生活的产物。在这些新的变化中,传统的受众研究理论开始进行了转向。

在传统媒体中,传统媒体的力量是强大的,在信息相对匮乏的时代,通过制造"大热门"信息或者议题设置,媒体可以影响受众甚至可以控制受众的行为。传播过程模式研究(拉斯维尔),说服与态度改变研究(霍夫兰),意见领袖(拉扎斯菲尔德)等学者的实证研究都十分强调传播的效果或影响。

在这些理论看来,大众媒体组织严密、强大又极富目的性,受众弱小、孤立,就像散沙,不可避免沦为被传输、被改造、被认知。"魔弹论"认为,受众只是信息击中的目标和靶子,受众毫无反抗之力,只能应声倒下。随着研究的深入,受众内在所蓄积的主体性或者说反抗意识开始张扬,终于开始被认识,从而又产生了上述的受众中心论。

通过对传统的受众研究分析来看,这些受众研究深深打上了文化工业时期的历史烙印,在当时的历史语境当中,广播、电视、报纸、杂志等传统媒体一统传媒天下,人们称之为大众传媒。在传统媒体环境下,普通民众表达的现实困境非常明显,受众只能沦为被动的接收主体。即便后来受众主体性得到张扬，在受众中心论的环境当中，商业主导下信息制作和迎合受众的现象非常普遍，这也使得受众容易缺乏独立思考的空间和批判思维。

然而在媒介融合、全媒体大行其道的新媒体环境下，网络特别是智能手机的非线性发展，使得传受地位发生了变化，社交网络、自媒体等概念开始出现，受众不仅接收信息而且还产生信息，受众不再只是被操控的对象或者被动的接受者，在获取信息的同时也制造、发散信息，充当信息源头，在一定程度上拥有了更多的自由表达的机会和独立思考的能力。尽管传统的受众研究理论仍然可以解释新媒体受众的某些现象，但新问题需要更有说服力的理论来指导、解析现实，从而，新媒体环境下受众理论转向不可逆转。

在2.0时代，信息大量产出，传统媒体的议题设置作用慢慢减轻。新媒体环境下的受众，呈现出更强的个体差异，如果把受众看作“市场”，那么某种媒介（比如互联网）的受众（audience）就是它的使用者（user），这些使用者必然具有某些特定的社会经济特征（年龄、受教育程度、文化背景、职业收入、阅读习惯等等），即使一个人可以既看报纸也上网，但他看报纸和上网时表现出的特征是不同的。此外，新媒体环境下社交媒体借助网络传播优势不断快速传播、披露信息、制造话题，传统的媒体把持话语的场景一去不复还了，淡化了批判学派眼里传媒单向度施予受众的“心理无知”控制概念，使受众可以真正从自己的社会条件出发去解读媒介文本，并建构意义。

因此，新媒体环境下受众理论转向必须注意以下关键点：(1)由于SNS，特别是移动社交网络的发展，必须考虑受众的心理因素以及受众之间复杂的网络人际关系；(2)沉默的螺旋、把关人理论等无法解释新媒体环境下受众互联互通、自由互动的特质，比如朋友圈等的出现，所以必须考虑受众的互动扩散性。

可见,社会网络分析在新媒体受众研究中具有一定的解释力和适用性。随着近年来网站蓬勃发展,以互联网为代表的新媒体的“关系传播”特质日益凸显,新媒体的传播路径越来越依赖人际关系网络。网络成员以兴趣、观点、利益等为连接点形成新的关系和传播模式,以研究社会关系为核心的社会网络分析成为新媒体受众的一个研究范式。研究议题主要集中在:(1)网络社区中的信息传播特点与人际交流之间的结构关系;(2)网络社区中的舆论扩散及其舆论主体、舆论生成和导向的研究。①

2. 受众在新媒体环境下的重构

从本章第一小节分析得知,受众的主体性历经了长期忽略、抑制——重新认定、被尊重——本位的过程,同时我们也发现,受众的主体性被挖掘、被认知的宏观背景是媒介产业化与市场化,媒介市场操纵的结果,这是文化工业渗透到社会的每一个角落的必然结果。如果与文化工业的发展联系到一起,我们就更能够清晰地看到其发展根源。受众主体性在“他者赋予”过程中,受众自身的表达冲动和自我意识也在不断强化,对信息的知情权和选择权的把握更为游刃有余,而且还对其他权利比如反论权、监督权、隐私权竭力争取,但最终我们还是发现受众的伸张还是站在传统大众传媒框架之内。

新媒体的出现为受众的主体性建构提供了打破垄断的无处不在的技术优越性。受众重构的时代已经来临,但受众最终实现主体身份的自由蜕变,其根本之途就是要加快其存身的各种社会因素,诸如政治、经济、文化、法制、道德等与现代性的全球化对接,从而使受众的民主权利和自由意志能够在现实社会得以实现,进而形成涵化受众的良性社会语境。新媒体环境下受众重构——信息的个性选择者。现在

① 幸小利. 新媒体环境下的受众研究范式转换与创新[J]. 国际新闻界,2014(09):122 - 134.

的时代是一个海量的信息时代,个体和社会不可避免地淹没在信息海洋当中,受众不可能去接受每一个信息,只能是其感兴趣的信息才能够更好地传播,因此受众自然就成为信息的个性选择者。随着受众群体细化,新媒体更加能够满足小众或者独立个体的个性化需求,甚至还人为创造出了个性化的消费模式。互联网通过数据挖掘,能够识别和推出符合个体需求的个性化服务。在个性化时代,信息制造者利用社交平台,利用云计算、物联网、大数据分析,了解每个用户,信息传播很轻松就能描述出个性图景。只要你一触网,网站就能分析你曾经点击过哪些网站,你经常性的需求是什么,你浏览网页的爱好是什么,等等;你可能需要什么信息,网站从被动接受点击到主动推送。我们已经站在了信息推送的风口上,这是个性化的时代。移动终端在个性化的时代,占据优势,第一是让热点传播得很快,第二是推送个性化的东西越来越精确化。

新媒体环境下受众重构——信息的能动生产者。受众不在仅仅扮演媒体内容的接收者和消费者,还承担了另外一个角色,那就是媒体信息的选择者,甚至更多地参与到信息内容制造上来。在新媒体时代,信息传播技术和新媒介的出现,给了每个人一个信息扩散的喇叭,让每个人都有发言权,信息壁垒就被完全打破了,信息的不对称也被打破了。受众就成为信息的能动生产者。比如微博就能够轻易地实现信息的制作和发布,也有些学者认为这是麦奎尔的社会文化性受众研究在新媒体时代的发展的结果,认为通过信息能动生产,在景观式的展演中,网民将部分自己呈现在其他网民面前,再从其他网友对自己的评论中,来建构自己在他人眼中的形象。进而提出扩散受众概念,即由于媒介影像的大量渗透,不断在日常生活的空间渗透,生活在社会之中的人们,无法避免媒介影像的碰触,无人能够逃脱受众的位置,因而在当代社会人人都直接或间接地成为受众。①

新媒体环境下受众重构——信息的无缝复原者。新媒体技术给受众权利的扩展提供了武器装备。无论是社交网络,还是其他互动式的网络给予了受众更多的能动性。一方面,用户可以根据自己的爱好去选择信息;另一方面,受众也可以轻松地通过网络终端去发散信息。此外,网络舆论对公共场域的影响力越来越大,自然就缩减了传统媒介的权力,也使得传统媒体的权力受到监督。受众可以根据网上获得的多方信息对大众媒体的公正性、中立性和可信性提出质疑和挑战。比如微博的海量参与使得信息无缝复原,场景再现,消解了信息霸权。

新媒体环境下受众重构——议程设置者的分权者。新媒体崛起,其最大特点是集人际传播和大众传播为一体,具有典型的"全民传播"(Mass - participated Communication)的特点,这是任何传统媒体都无法比拟的。随着网络传播的发展,"议程设置功能"呈现出新特点——受众自我议程设置悄然构建。在传统媒体中,传播者永远是那些少数掌握媒介传播资源的人,而网络媒体是一种"弱控制媒体",网络传播的传播者是多元的,传播渠道是开放发散,这些都弱化了媒介为公众设置议程的效果。网民可以通过自己的个人主页或微博等传播信息,跨越国际、地域、种族等进行信息传播,任何人都有可能设置议题。有趣的一个现象是,现在很多都市报的记者都在网上跑新闻,通过大量网民在主页和微博上的信息获得新闻素材,可以看出议程设置权正在消弭。

① 康彬. 新媒体时代的受众研究——由麦奎尔的《受众分析》谈起[J]. 新闻知识,2011(01):30 - 32.

三、结　语

在新媒体时代，传播者和受众的界线日益模糊。传统的受众概念及理论，已经不能很好地解释新媒体时代受众所表现的特征和类型。因此，新媒体受众研究应该多元开放，除了考量新媒体受众重构的内涵之外，还要更多地思考新媒体下受众的自主性以及传受关系的可能走向，需要在社会网络维度上多加研究。除此之外，在学科融合上开辟道路，从心理学、社会学等其他学科吸收合理成分，探究受众，比如受众的公民认同、身份构建等等。

参考文献：

[1]廖圣清．西方受众研究新进展的实证研究[J]．新闻大学，2009(4):106－115.

[2]单波．评西方受众理论[J]．国外社会科学，2002(1):29－35.

[3]刘文辉．从“被时代”到“我时代”：新媒体语境下受众身份的重构与异化[J]．上海交通大学学报(哲学社会科学版)，2013(05):70－75.

第四章

网络信息时代意识形态传播模式的变迁及异化

一、意识形态传播模式的变迁

传播模式通常是对传播的过程、成效及相关性质的一种范式判断。传播学的研究往往是对传播现象进行系统化的考察,那么这种考察要不迷失于纷繁复杂的各种传播现象,必然要抽象出简化的程式去表达、重现传播现象,进而探讨传播效果、传播要素之间有哪些关联。传播效果研究也经历了以传播者为中心到以受众为中心的转变,从强调短期影响到研究长期影响的转变。

(一)传播模式随着对受众的不断深化理解得以不断变迁

1. 单向传播模式

“5W”模式,又称传播的政治模式。该模式首次将传播活动分解为五大环节和要素,主要包括传者、受众,传播内容、传播渠道,传播效果;即:谁(who),通过什么渠道(in which channel),对谁说(to whom),说什么(says what),产生什么效果(with what effect)。美国的拉斯韦尔提出“5W”模式,后广为引用。“5W”模式具有很强的概括力,极大地推动了对大众传播的研究，但很显然，在“5W”模式里我们更多的是看到了信息的单向传播，忽略了传播中的“反馈”因素，理论不能很好地说明现实中的传播现象，存在一定的局限性，为单向线性模式。

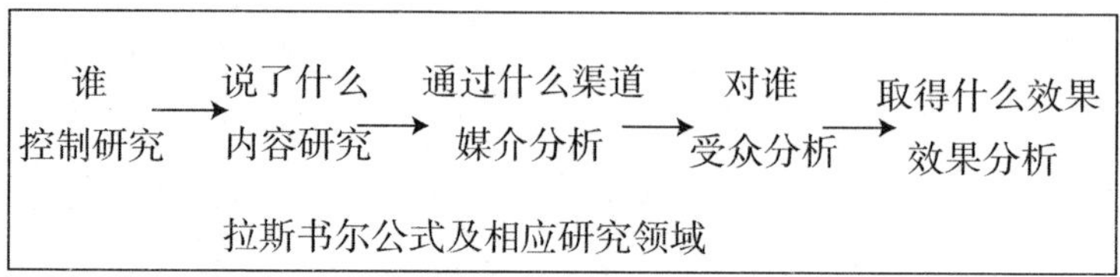

图1 “5W”模式

香农－韦弗模式，由美国数学家香农和韦弗提出。该模式把人际传播过程看成是一个机械系统，当然在他们看来，该系统也是单向的。该模式的主要贡献在于提出了传播的“噪音”理论，从理论上阐明了传播过程的复杂性，该模式也认为“噪音”在传播各个环节都有可能出现，从而影响传播效果。

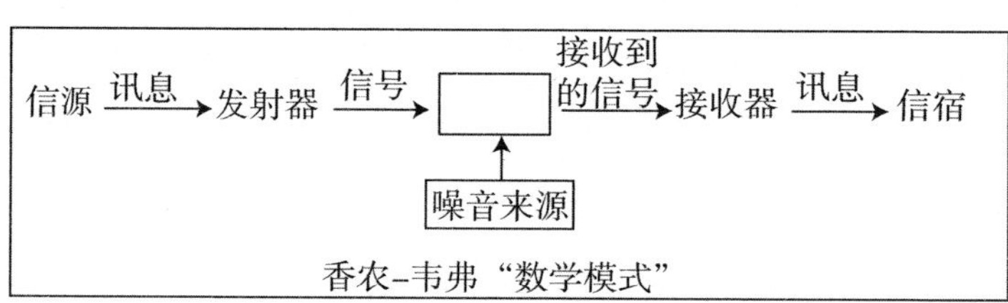

图2 香农－韦弗模式

2. 双向传播模式

施拉姆模式。美国的施拉姆提出的人际传播模式，该模式强调信息传播的传者和受者对于信息的解码和编码的双向互动过程，认为符号在讯息中的表达非常重要，该模式也表明传播的双向互动关系。

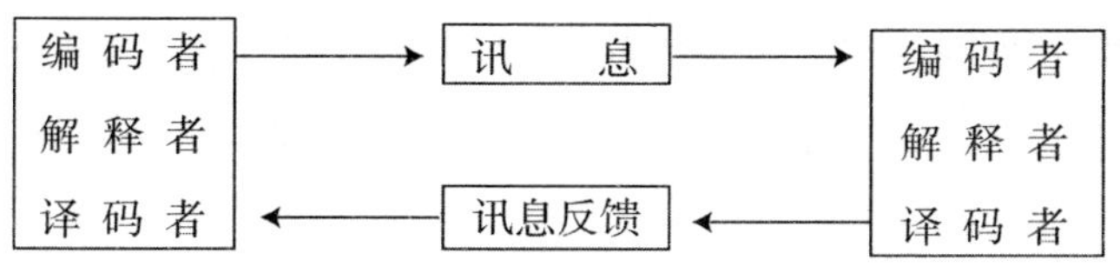

图 3　施拉姆模式

德弗勒模式，即大众传播双循环模式。20 世纪 50 年代后期由美国社会学家 M. L. 德弗勒提出。在传播体系里，受者和传者模糊了彼此的边界，两者存在角色的统一体性，而且噪音可能干扰整个信息传播环节，信息在不断反馈中进行传输，此模式突出双向性。

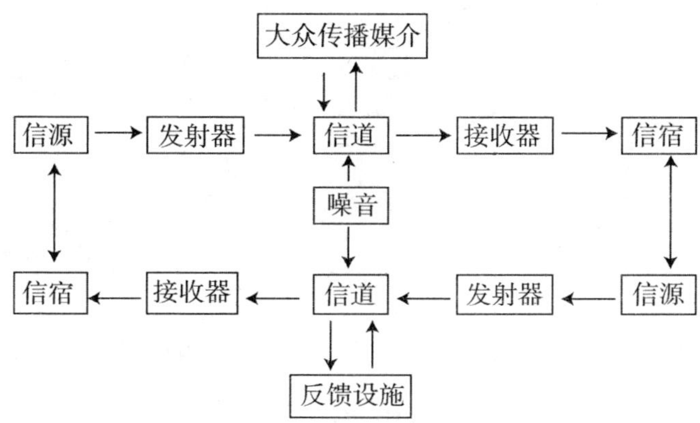

德弗勒对香农-韦弗模式的发展

图 4　德弗勒模式

德弗勒模式可以说是香农—韦弗模式的升级版，前者弥补了后者简单的直线传播的缺陷，拓展了传播环节及渠道，可以说更能贴近现实中的人际传播互动。

3. 系统传播模式

波纹中心模式。美国的希伯特等人在 20 世纪 70 年代提出波纹中心模式。该模式把传播环节置入到社会、政治、人文等环境当中，认为传播过程受到很多因素的干扰和影响，表现出传播的社会性、动态性、复杂性。该模式有个现场感很强的比喻，把大众传播过程比作在水中扔进一个石头，引起阵阵涟漪，波纹的反弹和扩展受到诸多的因素制约或者影响。

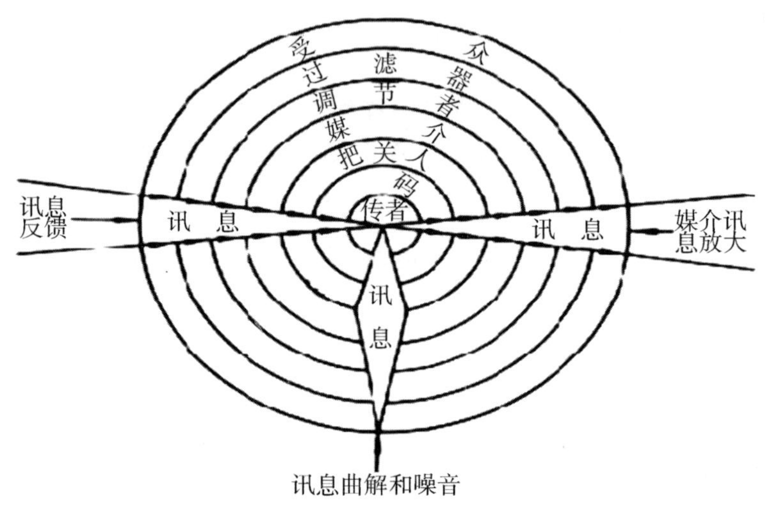

图 5 波纹中心模式

赖利夫妇的系统模式。该模式更多的强调传播过程不是在一个封闭的体系里，而是整个社会系统的一个环节，或者说是一个子系统，这个子系统自然而然要受到社会系统的制约，两者存在博弈和互动。当然，该模式也承认传播过程也有其独立的一面。

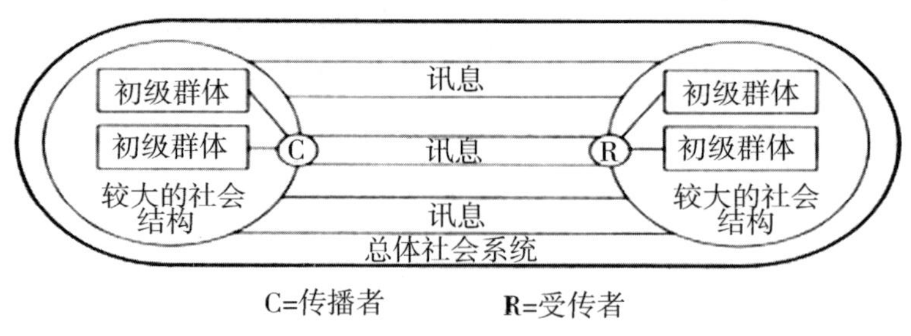

图 6 赖利夫妇的系统模式

马来茨克模式。该模式把心理学引入到大众传播当中,实际上该模式也是在《大众传播心理学》一书当中得以提出,认为传播的各个环节,特别是传播者和受者,由于在各种社会作用力,环境当中,很可能会对信息的内容加工、选择,各种因素互相影响,最终构成非常复杂的社会传播系统。

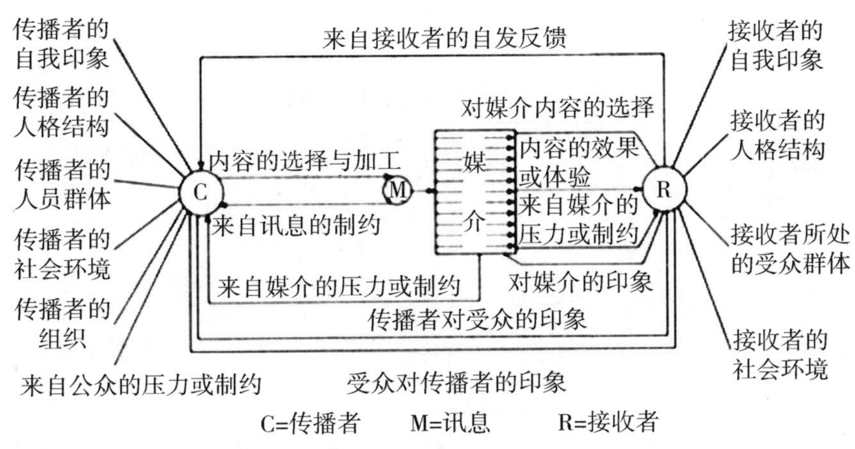

图7 马来茨克模式

(二)新媒体传播模式的出现

新媒体及其不断开发的各种客户终端,比如智能手机,社交网络化、数字化非常突出,交互性能有越发便捷、强大的趋势。如下表所概括,新媒体优势非常明显:

表1 新媒体类型优势简表

媒体类型	优势	内容
手机媒体	及时、精准、互动、定向、用户群巨大	在未来,手机报纸、手机杂志、手机广播、手机电视,都将会成为人们日常生活中不可或缺的重要部分。

续表

媒体类型	优势	内容
博客	互动、快速、低成本、影响范围广、口碑传播	博客的中文意思是“网络日志”，是继 E - mail、BBS/ICQ 之后出现的第四网络交流方式。
播客	直观、生动、吸引力强	播客就是博客的升级，是由文字上升到声音和视频，是博客的进化。
电子杂志	形式丰富、精准、个性化	融合了文字、图片、音乐、视频、flash 等众多元素，可以通过互联网、手机、IP 电视等各类终端进行便捷、快速而准确地进行传播。
多媒体电话机	便捷、多用途、易普及	可以支持宽带上网、中文手写输入、群发短信、PDA 功能、电子相册、电子报纸、名片管理、数码录音留言等实用功能。
即时通讯	用户群巨大、及时、互动	即时通讯(Instant messaging 简称 IM)是一个终端服务，允许两人或多人使用网络即时的传递文字讯息、档案、语音与视频交流。如 QQ、MSN。
移动电视	分众、移动传播	包括公交电视、列军电视、出租车电视、飞机电视等。
桌面搜索	便捷、清理用户巨大	在原先网络在线搜索的基础上，增加用户本地计算机搜索的功能，本地搜索内容主要包括硬盘中的各种文档、电子邮件、浏览网页内容、即时通讯记录等。
窄告	主动、覆盖范围广	窄告就是网络定向广告，它能通过分析网页内容、辨别网民所在地，按广告主要求和设置，将广告有针对地投放到上千家联盟网站目标客户面前。

“三网融合”打破了信息传输的时空壁垒，能够在各种传播工具直接自由切换，在内容上给予受众更多的新式体验，在内容产品开发、定制、互动体验方面更为先进，新颖。新媒体让传播环节当中的受众和

传者身份进一步消弭,内容接受者可以同时转变为内容生产者,个性化更为突出。受众的内容需求、产品评价和体验正悄然发生迁移。这种新的变化,催生了多终端立体的互动传播模式。如今,新媒体的多终端立体互动传播模式已渐成气候,如下图所示:

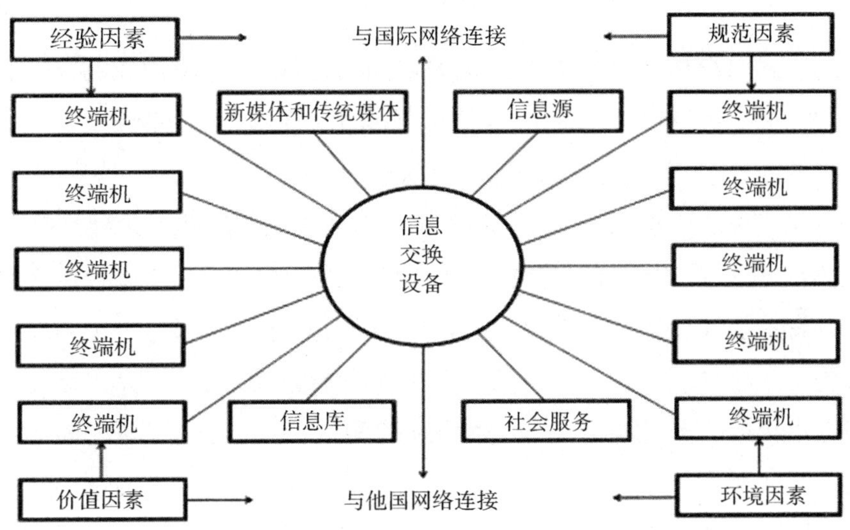

图 8 新媒体多终端立体互动传播模式

总之,社会的运转实际就是由于个体之间、个体与环境、个体与社会之间不断互动的结果,可以这么说互动是人的必然需求,在当今网络信息社会,个体更加是不能摆脱各种信息的裹挟,技术给予了人类更多的场域,开辟了更加多维的时空进行互动交流。在此背景下,社会正发生深刻变革,人与社会、人与信息、人与传媒的关系更深刻地发生变化。尽可能地实现有效互动,以互动作为基本运营手段,这就是新媒体时代的竞争规则。在新媒体时代,互动传播模式已经成为必然和应然的选择。

二、网络信息时代意识形态传播的异化

(一)意识形态新媒体传播是个生态系统

生态系统指在自然界的一定的空间内,生物与环境构成的统一整体,在这个统一整体中,生物与环境之间相互影响、相互制约,并在一定时期内处于相对稳定的动态平衡状态。

任何一个生态系统要保持稳定并不断发展,必须要达到生态平衡,即生态系统内部和生态系统外部环境之间的平衡。所以,生态系统具有系统性整体性的特点,内部各要素和内部与外部的失衡是生态系统发生变异的根源所在。从媒介生态学的角度来看,媒介生态系统的基本构成要素是媒介系统、社会系统和人群,以及这三者之间的相互关系和相互作用。

以高新技术驱动为主,高速成长、加速裂变的新媒体改变了信息流通的路径,重新解构了信息传播。从而,媒体属性迅速泛化,受众和传播者也趋向模糊化或者说泛对象化,催生了新媒体生态链的产生。这是云计算、大数据、智能终端,以及社交网络传播、移动传播等要素交织、融合的必然结果。在异化中,人不断被自己创造出来的技术所牵制,产生异化,技术异化成为重点。

在新媒体生态系统里面,存在着一些明显的失衡。不论是外部的还是内部要素之间的,最终导致了新媒体传播的异化。主要表现为:(1)媒体异化——过度媒体化带来的话语秩序的失衡;(2)内容异化——商业化导致新媒体传播内容选择方面失衡;(3)传播环境异化——新媒体传播内外环境的失衡;(4)受众异化——受众成为快速发展的技术"俘虏",与现实世界的关联失衡。

(二)意识形态新媒体传播的四个异化倾向

1. 媒体异化

新媒体时代“人人都是麦克风”,人人都是资讯消费者又是制造者。对如今的网民来说,自拍和转发已经成为很多年轻人的生活习惯,吃饭前先对美食拍个照,然后发朋友圈,到达一个新地方,拍个照发朋友圈。看到一个事情,不论真假先转发一下,于是,未经调查核实就肆意传播的假消息一时在网上炒得沸沸扬扬。当今种种新媒体传播现象,可以看出新媒体在带给人们前所未有的方便和迅捷的同时,也带来了很多社会问题,网络信息传播治理已经成为现实急需要解决的问题,过度的媒体化带来话语秩序的失衡。

媒体异化的另一表现是媒体文化传承功能大为减弱。泛媒体时代,网络所特有的交互、快速、丰富性和受众主体性等特征吸引着大量受众。但是,各种网络色情、虚假信息一度非常泛滥,网络诈骗成为2016年的一个社会热点问题。此外,商业性的网站为了点击率和商业利益,经常打些色情、暴力传播的擦边球,暧昧地传播一些对青少年有害的信息。这样一来,新媒体传播机器在涵化与教育功能上大大减弱。

2. 受众异化

泛媒体时代的受众异化体现在受众对媒介内容需要的异化及对媒介工具性依赖的异化上。其次,受众的异化也体现在其批判性思维与媒介素养的消解上。这具体表现在受众逐渐成为媒介的“奴隶”与“工具”,在媒体面前缺乏批判性思维,理性利用媒介能力极差。[①]

主要原因在于,首先,在现实社会中,新媒体技术开拓了信息发布

① 王琰. 泛媒体语境下媒体与受众的双向异化[J]. 新闻知识,2010(05):57-59.

渠道,新媒体即时、便捷等特性轻易就抢占了信息发布的主导地位,信息的数字化和网络化助推了受众对新媒体的依赖。新媒体不仅满足了受众的消费需求而且还满足了其心理需求,从而消费主义文化语境下的受众媒介消费需求逐步功利化,受众异化为物和技术的"俘虏"。其次,媒介素养的低下使受众的媒介消费缺乏免疫力和辨别力。表现为,媒体社会责任的缺位剥夺了受众的理性思考能力。其次,在"碎片化"时间里,受众通过图景式的浏览,更多的是追求读图般的阅读快感,很少甚至无法进行深入而连贯的思考,最终丧失了最起码的判断利用能力,同时也被进一步异化。要改变这种局面,归根结底要加强受众媒介素养体系的理性建构。

新媒体语境下,受众在媒介技术无所不能的自我放逐里,进行主体性的"过剩"扩张,使受众在充分实现"自我"的同时,开始走向异化。丹尼斯·麦奎尔的提醒发人深思:"受众不只是技术的产物,也是社会生活的产物。受众的形成一直受到各种社会因素的影响。正是这些社会因素而不是媒介,将决定我们能否在一个原子化的、疏离的世界中找到我们自己。"①

3. 内容异化

内容异化大概有三种情况:一是商业化使得新媒体内容选择失衡现象日益明显,为了吸引更多的用户,提高点击率,进而吸引更多的广告商投放广告,获取生存资本与经济利益,新媒体不得不想尽一切办法追求新闻的时效性与独家性,传播主体多元化带来的网络媒介虚假新闻泛滥,色情、暴力等不良信息大量传播就不足为奇了。二是信息本源性失真,以讹传讹。互联网上本源性失真的信息有时候还会以新媒体的其他形式进行再传播从而扩大传播范围。由于新媒体的传播

---

① 丹尼斯·麦奎尔. 受众分析[M]. 刘燕南,等译. 北京:中国人民大学出版社,2006, P14

速度更快、受众面更广。致使一些新闻事件在没有得到论证之前，就盲目下结论。三是为了达到传播效果，对传统的宣传内容做出新的解读，其中不乏调侃和嘲讽，如英雄叙事及其形象传播，近年来有些新媒体对雷锋的解读就是一个范例。新的媒体方式，改变了英雄形象的外在表现形式，也迫使其从崇高、严肃转变为世俗、娱乐，最近，网络上评出十部最强抗日"神剧"，其中就包括"手撕鬼子"，"石头砸下飞机"。新媒体背景下的英雄形象其异化背后的社会成因在于新媒体改变了艺术审美的方法，用视听结合的形式去除了传统文艺作品中的模糊性、距离感和神圣性。新媒体的传播方式完全迎合了大众文化为主体的当代文化体系以读图为主要交流、分享、传播的信息交换方式。①

4. 环境异化

环境异化展现出的是新媒体传播内外环境失衡。新媒体构建了新型的传播环境和虚拟社会，大量的数字媒介产品如客户端、社交媒体等大规模地进入经济社会生活，无所不在地参与在个体和社会的日常生活，产生了全新的生存空间，过度媒体化使自主传播、新媒体舆论、虚拟社会呈现众生喧哗的失序状态。有关研究表明，不同的环境下同一个个体会表现出不同的行为，在虚拟的电子传播场域，环境变量得以改变，也可能导致个体的网络行为举动异于其日常行为，甚至让人感觉这不是同一个人。网络虚拟世界的相对自由和放任，个体社会身份的虚拟化客观上创建了个体行为异常的交往环境，导致网络交往或者新媒体传播行为失范。微博转发谣言、网络人肉、网络约架等都证实了网络这个虚拟环境也同样会对人际交往产生不良效应，从而做出非理性行为。

---

① 陈响园．新媒体背景下英雄形象的异化[J]．兰州大学学报(社会科学版，2015(01)：93－98．

三、结　语

异化只能控制而不能彻底消解，因此，新媒体语境下，相关研究重心应聚焦于最小化负效应，而非彻底消除异化。其一，善用新媒体优势。当前的大数据为异化研究获取、分析数据提供了优势。其二，研究方法创新异化研究需要创新或借鉴媒介内容分析、结构方程、聚类分析等其它学科领域的分析方法。① 新媒体生态系统及其异化研究就目前来看，是一个非常新颖的研究视角和领域。新媒体高度参与社会生活，可以说是人类数字维度的生存空间，随着新媒体要素出现异化的倾向，新媒体传播系统的生态危机令人忧虑。因而，加强新媒体生态异化和导向研究也是大势所趋。除了研究异化的原因和态势之外，还需在实践上实现新媒体传播结构的内部优化，合理配置新传媒传播内外环境使之协同，达成新媒体功能有效实现，最终是要引导新媒体实现社会主义核心价值观的"生态传播""绿色传播"。

① 刘甲库．新媒体语境下的信息异化研究[J]．情报科学，2013(11)：30－34.

第五章

网络媒介及其意识形态传播的“日常生活化”转向研究

网络媒介下的马克思主义大众化实质上也是意识形态的一种传播。伴随云计算、大数据、传感技术等网络传媒技术的迅猛发展，意识形态传播内容及模式发生极大变更，研究网络传媒技术下的意识形态传播成为当下一个研究热点。但目前学界基本聚焦于网络媒介作为载体如何传播意识形态的功能研究，更多的把网络传媒当作一种媒介工具，很少甚至忽略了对网络传媒技术本身的深刻特质进行探索，在学理上缺乏深入辨析意识形态的网络传媒技术与作为意识形态传播工具的网络传媒的区别，只有在厘清这个难点以及对网络媒介意识形态传播的后现代背景解读基础之上，我们才能更深刻、客观地理解网络媒介的意识形态传播转向，更好地探究网络传媒视角下的马克思主义大众化。

一、媒介技术：工具还是意识形态？

网络传媒技术作为社会生活当中人与自然，人与社会的重要实践媒介，其提供信息生产与传播效率的手段、技艺、知识不断革新。如何运用网络传媒技术进行意识形态传播，首先要弄清楚这个基本事实：

网络传媒技术本身是不是意识形态？单纯认定网络传媒技术是自然属性和社会属性的有机结合体,这没有什么问题。自然属性是作为纯粹的工具性的特质而表现,与社会体制、社会文化相脱离,由此,技术就具有理性特征,包含客观的真理普遍性,在资本主义社会和社会主义社会表现一致,体现出技术的中立性,意味着价值中立。

以传播批判研究见长的法兰克福学派对此却有不同看法。马尔库塞认为,在现代社会,技术弥漫于社会各个角落,已经演变成一个无所不在的统治体系,即便认为技术仅仅是作为工具,但也不足以表明技术在政治上是中立的。因为只要使用技术,哪怕是当成基本的应用,在现实社会也已经构成人对人的统治方式的基础。"技术对现存事物的顺从主义使它们自身成为统治工具,成为意识形态。"[①]按照这个逻辑,媒介技术要达成意识形态传播或控制,有两个走向,要么成为意识形态传播的工具,或者最终本身成为意识形态(媒介即是意识形态)。霍克海默、阿多诺在《启蒙辩证法》中甚至认为"电影和广播不再需要作为艺术……连它有意制造出来的废品,甚至也被认为意识形态"。[②] 这显然是对媒介作为一种意识形态对人与社会统治的夸张表达。在上述语境中,技术虽然显得无所不在,但又是抽象的,而媒介却是与生活息息相关,具体可触摸的。由此,技术外化为媒介,或者说媒介取得了技术的代言权,为直观起见,或以媒介技术指代。

媒介通过"工具理性"悄声无息地消除了个体的反抗本能,实现了技术的意识形态奴役。"工具理性"以技术主义为圭臬,追求事物的最大功效,强调效率标准。个体沟通需求时,总是希望媒介工具的技术化程度越高越好,于是,在媒介行业,技术标准取得了合理化的地位,

① 陈振明. 科学技术与意识形态——评法兰克福学派的观点[J]. 哲学研究,1990,(6).68.

② 霍克海默,阿多诺. 启蒙的辩证法[M]. 重庆:重庆出版社,1993. 129.

获得理所当然的存在，最终实现了马克思·韦伯所称的"手段——目的合理化"。马尔库塞对韦伯的理论作出了进一步阐释，"在韦伯所说的合理化中，要实现的不是合理性本身，而是以合理性的名义实现没有得到承认的政治统治的既定形式"。[①] 在"文化工业"的现代社会，媒介技术由此取得了意识形态的合法性，成为一种新的意识形态。依照海德格尔的"技术不仅是手段，技术是一种解蔽方式。"[②]我们可以清晰看到技术如何维持既定的存在。作为意识形态的媒介技术是非暴力的，温和有效，结果是技术统治的意识相比以往其他类型的意识形态更潜移默化，深入人心。可见，"媒介即意识形态"在于媒介对人意识的控制和操纵，使人的思想和行为一致化和规范化。

法兰克福学派认为，媒介具备实践意识形态职能，成为直接的生产力，并日益成为社会意识形态，这样一来，媒介"技术"与实践的差别就得以消除。由于媒介技术的日益进步，韦伯所谓的"技术合理化"的媒介系统被社会制度所吸收，作为意识形态的技术政治框架得以进一步确认，意识形态的社会问题解决要么剔除实践，要么把政治、经济等实践问题转化为技术问题，一切由技术安排寻求合理、有效的行动路线。从而，这种技术统治模式在表面上取得了社会问题"非政治化"的效果，表面上的合理化掩盖了意识形态的内在动机。法兰克福学派对媒介即意识形态的论证非常具有思辨性，角度新颖，其理论推导抽象而又"理性化"，但难以验证，过于强调媒介的力量，把媒介塑造成意识形态，无所不能，无所不在，并把社会的弊病归结为媒介或者技术本身。

显然，技术不是解决当今媒介化社会一切问题的灵丹妙药，亦非问题的"替罪羊"。尽管马尔库塞在《单向度的人》中追问"人们真的

---

① 哈贝马斯．作为意识形态的技术与科学[M]．上海：学林出版社，1999. 39.

② 海德格尔选集[M]．上海：上海三联书店，1996. 931.

能将作为信息和娱乐工具的大众媒介同作为操纵和灌输力量的大众媒介区别开来吗?”[①]那么媒介技术就是意识形态吗?媒介技术到底为何物?在《关于费尔巴哈的提纲》中,马克思提出“全部社会生活在本质上是实践的。凡是把理论引向神秘主义的神秘东西,都能在人的实践中以及对这个实践的理解中得到合理的解决。”[②]由此,有必要立足于马克思技术本质观的实践哲学来解读该疑问。

法国哲学家库斯塔·阿克斯劳斯在《卡尔·马克思思想中的异化、实践和技术》中不无深意地指出:马克思思想关键点之一就在于对技术的深入透彻的把握,我们只有在深刻理解马克思对于技术诠释的基础上,才能对马克思主义有更为清晰的哲学认识。[③] 第一次工业革命,不仅是技术发展史上的一次巨大革命,更是引起了深刻的社会变革。马克思敏锐地捕捉到了“技术”这一影响社会巨变的核心要素。在马克思的实践哲学中,马克思把人类社会一切领域中的实际活动都理解为实践。俞吾金认为,马克思的实践概念是“生存论的本体论解释框架内的实践概念”。[④] 生存是人类面临的前提性问题,物质生产实践非常重要。在马克思那里,他对生产活动的优先性给予充分肯定,“第一活动”就是生产活动,在生产活动中,技术及技术变化非常重要,技术革新甚至带来整个生产关系的变化,最终推动生产力跨越式进展。因此,从本质上讲,技术是由人的生存和发展需要所引发的最基本、最重要的实践活动,技术问题由生产活动过程中产生。技术是一种生产力,不仅改变人与自然的关系还改变人与人之间的关系。可

---

① 马尔库塞. 单向度的人[M]. 张峰,等,译. 重庆:重庆出版社,1993. 9.

② 马克思,恩格斯. 马克思恩格斯选集:第1卷[M]. 北京:人民出版社,1972. 18.

③ Kostas · Axelos. Alienation, Praxis and Techne in the Thought of Karl Marx[M]. Translation Copyright by the University of Texas Press. 1976. 1

④ 俞吾金. 对马克思实践观的当代反思—从抽象认识论到生存论本体论[J]. 哲学动态,2003,(6). 3.

见,技术在马克思实践哲学中,在人类生存的现实生活层面,是与生产劳动实践紧密联系的。根据马克思的技术实践哲学我们可以认知,作为生产力的技术(包括媒介技术)与作为上层建筑的意识形态不能等同。

法兰克福学派看到了强大的媒介工业对社会的控制的一面,对于媒介即意识形态的论述过于强调媒介技术的政治性,最终走向了技术决定论,与马克思的实践唯物主义相背离。

总之,从唯物主义的实践角度考察媒介技术,可以认为媒介技术(包括网络传媒技术)是社会实践活动的一种工具,本身带有强烈的文化或意识形态倾向,即社会属性,应用媒介技术背后蕴含具体的社会制度以及意识形态。

二、网络媒介的意识形态传播后现代背景解读

后现代、后现代主义是20世纪60年代左右滥觞于西方国家的一种泛文化思潮,表现为对西方近现代哲学体系的反思和分离。但无论是对于后现代的进化历程或从词源学上来考察都是模糊的,因而,后现代的解释一直没有定论,吉姆·柯林斯认为,后现代主义“没有一种涵括一切的理论范式能够提供适于解释后现代主义的定义”。[①] 但这并不影响后现代主义表现为一种极强的对现代文化消解、颠覆的文化形态。后现代与当今的网络社会具有高度的一致性,特别是与自媒体时代的网络传媒紧密相连,都展现出去中心化,对统一性和同一性消解的特质。

在网络媒介时代,互联网等新兴网络媒介作为一种意识形态的传

① [美]罗伯特·艾伦. 重组话语频道[M]. 北京:中国社科出版社,2000. 336.

播工具本身,表现出强烈的后现代特征,对传统的意识形态传播起到了消解乃至颠覆:自媒体等新兴媒介涌现对技术中心的瓦解,打破了意识形态传播的技术中心垄断,实现了技术分散化;网络媒介对传统的意识形态传播组织、机构权力的消解,"把关人"控制信息传播的权威受到挑战,去中心化的社交网络传播日益兴盛;网络媒介对传统意识形态传播语言及传播文本的颠覆,迫使意识形态传播进行话语转换。

此外,网络媒介意识形态传播的社会发展宏观背景进入了后现代的大众传媒社会。鲍尔德温的大作《文化研究导论》中持有这种观点:"后现代性可以指这样的社会:它仍然包含着某些现代(不是传统的)的面貌,但是已经为大众传媒或消费增添或开放了重要的作用。"①大众传媒的社会和消费盛行的社会就是鲍氏所定义的后现代社会,汤普森在大众传媒社会的论断上更为大胆,后者认为现代文化以及现代社会的一个核心就是大众传播的发展,甚至可以提升到中心维度的地位。继而,汤普森提出了"现代文化的传媒化"的理论。汤普森认为,文化是作为一种意义形式出现的,主要体现于各种语言或者行动等具体的象征形式之上,也就是通过象征形式表达意义特征。对文化的各种阐释、分析,实质上就是对象征形式中蕴含的意义进行解读。

大众传播日新月异,特别是新媒体的崛起改变了"象征形式"在四大核心流程"生产、消费、分配、交易"的流转模式,使得意识形态第一次涌现为群众现象,极大扩展了意识形态的运作空间。大众传媒已经成为生活的一部分,进入到普通人的日常生活,而作为普通人来说,这就是他们感知权力与国家意志等统治关系的社会背景。汤普森把关注眼光从宏观性的意识形态政治传播投向了媒介社会中意识形态传

---

① [英]阿雷恩·鲍尔德温. 文化研究导论(修订版)[M]. 陶东凤,等,译. 北京:高等教育出版社,2004,87.

播的日常生活背景，通过对普通人在日常生活中对传媒信息使用、传播的考察，得出大众媒介象征形式所隐含的意识形态，“突出传媒信息所推动的意义服务于维持或瓦解、建立或破坏结构化社会背景的方式。”①确实如此，媒介化生存已经深入到当今时代的骨髓，网络媒介浸入到生活的各个层面，成为我们时代的一个象征。实质上，如今网络传媒的网络化、社交化、数字化进一步深化了大众传媒对于社会的影响，比汤氏所论述的走的还要更远。意识形态传播从政治领域向文化领域深化。

媒介意识形态传播的社会发展宏观背景进入了后现代的符号生产和消费的社会。“符号是人们共同约定用来指称一定对象的标志物。”②在后现代的时空背景下，不仅网络社会是由符号组成的虚拟世界，就是现实社会也难免“穿越”、断裂抽离，表现为由各种五花八门的图像、媒介、音频等构成了时空错杂的感官世界，人们易于忘却传统，也缺乏富有创见的幻想，唯有在当下符号构成的世界刷满整屏的存在感。正如鲍德里亚所言，“当代电子媒介社会完全是一个模拟的符号社会，它是一个类象的新时代。”③技术进步和生产的发展使当今社会从一个注重生产的社会慢慢过渡到消费社会，更是一个以把符号的生产和消费定格为核心的社会。比如当今社会对电子媒介苹果手机的消费中可以看出，苹果手机真实的使用价值已经被其本身作为一种价值符号所掩盖了，人们并不是首先关注其使用价值而是对其符号指向兴趣盎然。符号意义的生成是其中运作逻辑的核心环节，意识形态控制通过符号消费得以完成，进而其中潜在的意象在悄无声息中得以

① 赵文荟．现代文化传媒化视野下的意识形态——对汤普森意识形态理论的深层开掘[J]．江海学刊，2009，(6)．57.

② 吴玉军．符号、话语与国家认同[J]．学术论坛，2010，(12)．76.

③ 张品良．网络传播的后现代性解析[J]．当代传播，2004(5)．54.

传递。

在网络传媒时代，人们依赖性地借助网络媒介，以之为载体，用声音和图像编码，通过具象符号将现实世界施之于符号化、景观化的呈现，这种呈现实质上是对现实世界的一个反映，当然也有人为的文化创造成分。鲍德里亚认为："消费是一个系统，它维护着符号秩序和组织完整。因此它既是一种道德(一种理想价值体系)，也是一种沟通体系、一种交换结构。"①在媒介信息的超负荷传播中，个体难以避免、或多或少裹挟在信息汪洋之中。信息时代给我们展现的是一幅由各种信息编码的宏观图景，被动、无意识成为个体接受信息的一个愈发显著的特质，同时也是这个宏观图景的一个标志性注解。个体的想象力和文化自觉逐步退化，造成消费者的集体无意识。大众成了被信息所俘获的奴隶，首先是丧失了自我的主体性，只有消费，才能获得存在及符号的意义；其次是失去理性，陷入集体无意识。在"普遍丧失，不是个别丧失，是集体无意识，不是个别无意识"②的场景中，编码得以实现，意识形态的意义结构得到构建。总之，在网络传媒的后现代语义中，意识形态的展现有了更多的符号表征及意义，值得意识形态传播研究者深究。

三、网络媒介意识形态传播"日常生活化"的转向

法兰克福学派"媒介即意识形态"的论断及网络媒介的意识形态传播后现代背景解读实质上是建立在对工业社会后期，文化工业强大到渗透到社会生活的各个角落，个体和社会陷入到媒介化生存的境况之下，在对社会学的批判和反思基础之上建立的。法兰克福学派把研

---

① 鲍德里亚．消费社会[M]．南京：南京大学出版社，2006，49

② 张天勇．论符号拜物教——从媒介的角度看[J]．重庆社会科学，2007，(11)．35.

究目光投向了社会实践领域，认为通过消费、媒介技术、大众文化的隐性奴役，民众在日常生活中不自觉地接受意识形态的输入。在资本主义社会，为社会和个体生产的消费品很多具有文化符号的意义，某些消费品的文化符号甚至与国家的价值基础，信仰导向互为支撑，比如好莱坞的电影消费附加了太多美国的价值观，而这种符号消费往往是与我们的日常生活、社会生活紧密关联，从而构建了消费社会的整体性意识形态。

网络媒介的兴起及普及，使得网络媒介逐渐构建成一种新的社会形态，“媒介化生存”已成为许多人“在世”的方式。新媒体重新定义了主体、受体、渠道、传播效果等内涵，开启了信息传播者、使用者的创造性，媒介技术渗入到普通人的日常生活，从而信息的传播、创造、重组、变异变得更加日常化，普通大众以自身对信息理解、接受的方式建构了另一种虚拟的信息社会。网络媒介的无孔不入，使得意识形态传播从狭隘的政治领域进一步转向更为隐秘和广阔的日常生活空间。大众在日常生活无意识当中就接受了政治意识和各种有利于维护统治阶级稳定秩序的思想观念。日常生活实践作为人类一切活动的起点和共同基础，通常被理解为人类活动领域的基础性层次，具有无意识特征。它必然受到由“工具理性”和现代媒介技术所主导的文化工业和媒介组织所带来的挤压和影响，“文化工业的每一个运动都不可避免地把人们再现为整个社会所需要塑造出来的那个样子。”①大众传播的媒体技术促使意识形态以各种有意义的象征形式在社会生活中广泛存在、传播，而且使意识形态的象征形式扩展第一次出现了群众涌现现象，意味着在日常生活层次的意识形态传播进入到普通人的日常生活，所以有必要把意识形态传播活动与日常生活实践相结合进

① 霍克海默，阿多诺．启蒙的辩证法[M]．重庆：重庆出版社，1993. 129. 118.

行考察，关注零散的、实践的个体物质化的日常生活，意识形态传播在网络信息时代有了迈向日常生活的社会学转向的倾向。

网络媒介意识形态传播进入“生活化”的空间，表现为媒介与意识形态传播关系进入到一个包罗万象的日常生活实践空间，通过日常生活这个中介性的基础性层次迈向政治与意识形态的上层建筑，在此人类整体的全部关系在日常生活中得以形成，我们的各种需求和欲望、快乐和快乐的缺失等意识和情感都被卷入到技术化的媒介传播机器当中，最终以丰富的社会日常生活形式纳入到意识形态传播范畴。日常生活与政治、艺术、宗教等有了更多重叠，日常生活的个人私人领域与公共生活领域也有了更多交集，但意识形态文化由于高度专业化和技术性与日常生活是有距离的，导致私人参与公共事务实际上处于匮乏的状态，普通人对于公共参与的鸿沟只是表面上得以克服，意识形态传播在所谓的公共领域通过工具理性和程序规制得到合理性的认可，现代技术和政治制度在日常生活中完成了意识形态无意识的实现。

同时，网络媒介意识形态传播进入“生活化”的符号消费，表现为网络媒介造就了光怪陆离的景观社会，蕴含于消费中的日常生活推到了理论的前沿，媒体在市场经济中推波助澜，与消费文化一起，“制造出与现存的价值观、体制、信仰和实践相一致的思维和行为。”①符号消费意味着符号本身作为一个系统所具有的系统性力量，能够对个体或社会产生影响、操控，而且在消费过程中对意识形态进行传导，对意义进行导向性、目的性的重构。在社会生活中占据统治地位的强势集团，通常利用媒介的外力影响或通过仪式感很强的方式内化符号的感召力。而商品由于在交易上是市场化、平等化的形式，所以在外在形式上显得隐蔽很多，主流阶层（占统治地位的阶层）通过媒介鼓吹、塑

① ［美］道格拉斯·凯尔纳．媒体文化［M］．丁宁译．北京：商务印书馆，2004，12.

造商品符号(赋予其意义,象征、身份、品位、个性),最终使得商品不再是单纯的、具体的物,而成为某种价值符号,以各种外在话语、图像表征来体现种族、阶级等意识形态,消费符号背后支撑的是严密的社会层级。符号消费作为一种意识形态,是一种文化消费,反映了消费者的文化观念、意向、准则以及各自的生存样式、自我认同观念。这种认同和生存样式是在看似日复一日的机械和重复的日常生活中微妙转换,并固定下来,"它体现着人的消费行为的个性化和多样化,而这种个性化恰恰在文化系统中又被同质化了,成为一种意识形态。"①电子媒介,造就了景观社会,最终使自身也异化为消费符号,在消费中个体个性得到张扬,个体体验到存在,个体在无意识中陷入一种深层的幻觉,这种幻觉不仅体现于人的心灵层面,也体现在意识形态传播的文化层面。实质上,广告、媒介、电子信息物出版社及其传播的信息中所隐含的社会威权体系控制了日常生活中的个体的消费,使他们被困于异化需要的奴役和统治。网络媒介在统一意识形态标准的同时,也同样存在社会认同离心现象,网络传播所承载的大众文化则以一种反叛、戏谑、无序、匿名的文化表达自我,识别自我,区分自我。

四、结　语

总之,网络媒介意识形态传播有了"日常生活化"的转向,需要我们充分认识网络媒介技术,在工具和政治之间找到意识形态传播"生活化"的平衡点,从理论上做好研究和解读,提升我国意识形态传播理论研究和建设水平,促进社会主义核心价值观的有效传播,利用好网络媒介,促进马克思主义大众化。

---

① 孟庆艳．符号消费的意识形态批判[J]．马克思主义与现实,2010,(2).40.

第六章

网络大众化视域下的马克思主义大众化探究

马克思主义是以改造世界为己任的经世致用之学说。由于“思想本身根本不能实现什么东西。思想要得到实现,就要有使用实践力量的人”①,马克思主义必须掌握群众,实现其大众化,才能达成其改造世界的目的。马克思主义自诞生之日开始,就有着推进自身大众化的强烈诉求和历史使命。历史昭示,大众传播媒介是人们认知马克思主义的重要渠道,大众传播媒介环境与马克思主义大众化密切相关。在当今时代,互联网络已超越报刊、广播、电视,成为大众传播媒介的“第四媒体”。作为一种全新的传播技术,互联网由技术手段上升为文化空间和虚拟环境,广泛影响和改变着我们的生活,并日益变革着马克思主义大众化的方法和渠道。如何顺应网络大众化的时代潮流,优化当代中国马克思主义大众化的方法与路径,是当前党和国家主流意识形态建设工程的重大理论与现实课题。

---

① 马克思恩格斯文集(第1卷)[M]. 北京:人民出版社,2009:320.

一、网络大众化的现状、特征及其对大众的深刻影响

网络大众化既是一个网络的大众化过程,也是一个大众的网络化进程。所谓网络大众化,即互联网技术为广大民众所掌握,互联网工具为广大民众所运用,互联网信息为广大民众所分享,互联网文化为广大民众所推崇。对当代社会而言,网络的大众化具有鲜明的时代特点,对大众产生了极其深刻的影响。

(一)网络大众化的现状

网络大众化的现状,主要体现在网民的规模、网民结构及网民对网络的使用时间与范围等方面。首先,是网民的规模。根据中国互联网信息中心(CNNIC)统计,截至 2015 年 6 月,中国网民规模达 6.68 亿,互联网普及率为 48.8%。这意味着,将近一半中国人已经成为网民,网络大众化已经由最初的梦想变为今日的现实。其次,是网民的结构。在网民的城乡分布方面,我国城镇地区与农村地区的互联网普及率分别为 64.2%、30.1%,中国网民中农村网民占比 27.9%,规模达 1.86 亿。在男女网民比例结构方面,我国网民男女比例为 55.1:44.9;在年龄结构方面,我国网民以 10－39 岁年龄段为主要群体,比例达到 78.4%;在职业结构方面,网民中学生群体比例为 24.6%,个体户/自由职业者比例为 22.3%,企业/公司的管理人员和一般职员占比合计为 16.3%;在学历结构方面,中小学及以下学历人群的占比为 12.4%。第三,在网络使用的时间与范围上。2015 年上半年,我国网民的人均周上网时长达 25.6 小时。我国网民网络使用范围十分广泛,涉及搜索引擎(用户规模达 5.36 亿,使用率为 80.3%)、网络购物(用户规模达到 3.74 亿)、网络新闻(用户规模为 5.55 亿)、网上支付

(用户规模达到3.59亿)、网上预订机票、酒店、火车票或旅游度假产品(网民规模达到2.29亿)、互联网理财产品(网民规模为7849万)、即时通信(用户的规模达到6.06亿)、微博客(用户规模为2.04亿)、网络游戏(用户规模达到3.80亿)、网络文学(用户规模达到2.85亿)、网络视频(用户规模达4.61亿)。[①]

(二)网络大众化的特征

网络的大众化发展,呈现出接入媒介多样、全球数据共享性和个人信息透明化等鲜明特征。首先,接入媒介多样。中国是一个幅员辽阔、人口众多的大国,广大民众的生活方式、生活环境及生活水平多姿多样,这一定程度上决定网络大众化过程中接入媒介的多样化。当前,我国网民的网络接入媒介包括台式电脑、笔记本电脑、平板电脑和手机等多种方式。据统计,我国网民使用平板电脑上网的比例为33.7%,使用手机上网的比例为88.9%,电脑端向手机端迁移趋势明显。并且除3G/4G外,Wi-Fi无线网络也成为主要的上网方式。其次,全球数据共享。网络打破了物理上的空间概念,突破了地域和疆界,使得数据和信息传播实现无屏障化,世界由此变成"地球村"。同时,网络空间中可以不限时、不限量地储存和传播数据,以及运行数据库。其数据信息海量性、即时性和无屏障性,给网络大众化烙上了全球数据共享的鲜明特征。第三,个人信息透明。网络大众化催生了网络大数据时代,广大网民在网络中的一切言行,皆可通过数据进行记录、分析和挖掘,并找出其规律性。在此背景下,无论是个人的公共形象,还是个人的隐私行为,都将变得"透明化"。这是因为,大数据在涉及交换、分析、挖掘时是无法直接过滤个人信息的。如果这些个人数

① 中国互联网信息中心.第36次中国互联网络发展状况统计报告[EB/OL].[2015-08-23]http://www.cac.gov.cn/2015-07/23/c_1116018727.htm

据信息被共享并被系统整合、相互印证的话,网民的个人基本信息,甚至性格、爱好以及生活轨迹等信息将被他人一览无余。[①] 许多人因此感慨,在网络大众化时代,我们都将会是"透明人"。

(三)网络大众化对大众的深刻影响

麦克卢汉曾在《媒介即讯息:效果一览》一书中写道:"一些传播媒介在彻底地改造我们,它们对私人生活、政治、经济、美学、心理、道德、伦理和社会各个方面的影响如此深入,以致我们都与之接触,受其影响,为其改变。"[②]这段话对于描述网络大众化的深刻影响是十分贴切的。网络的大众化带来大众的网络化,大众的网络化对大众的价值观念、信息接受方式、生存空间等影响极为深刻,主要体现在:第一,价值观念趋于多元分层。网络的大众化,使互联网成为大众获取各类信息的主要来源。而互联网传播所呈现的"无屏障"特点,造就了互联网虚拟空间鱼龙混杂的文化生态,呈现出社会主义主流文化、大众文化、传统文化与西方文化并存的多元文化格局。人们置身于多元文化与价值观并存的网络虚拟空间,要么各取所需、各事其主,要么随波逐流,如同无根浮萍般呈现价值漂浮状态,这无疑形塑并且加剧大众价值观念的多元分层趋势。第二,信息接受偏向立体碎片。网络信息以比特为单位,是一种数字化传播载体,集合了文字、声音、图片、动画、视频等立体化的信息呈现形式,造就了大众"立体化"阅读习惯。同时,网络信息技术平台的综合运用,推动了知识信息的碎片化传播,主要体现为网络传播形式的多元化、破碎化和个性化。近些年来,微博、微信等"微"风来袭,播客、威客、创客、维客等百"客"云集,各类"虚拟

① 陈恒. 大数据如何接地气[N]. 光明日报,2015-08-27(13).

② [美]麦克卢汉. 媒介即讯息:效果一览[M]. 天津:天津大学出版社,2010:3.

社区”也云涌而生,这些都是新媒体碎片化的重要表征。[①] 碎片化的网络信息传播因大众需要而起,又反过来塑造了大众的碎片化的信息接受偏向。第三,生存空间日显数字虚拟。尼葛洛庞帝在《数字化生存》中指出:“计算机不再只和计算机有关,它决定了我们的生存。”[②] 互联网是计算机技术、网络技术、虚拟现实技术等技术结合的产物,它带来整个社会的全方位变革。它所引发的数字化、信息化和全球化革命,不仅为人类提供了便捷的学习与生活工具,还使人们生存空间日显数字虚拟。尤其是当前网络大众化的呈现,网络虚拟空间生活已不可或缺地存在于人们的生命当中,缺少网络的生活将变得单调、乏味,甚至令人难以忍受。

二、网络大众化与马克思主义大众化的逻辑关系剖析

随着网络大众化的继续推进,社会网络化和网络社会化已见雏形,互联网对个人生活方式的影响进一步深化。对于马克思主义大众化而言,网络大众化既带来了巨大发展契机,也带来诸多阻抗性因素。同时马克思主义大众化的推进,对于网络大众化的健康发展具有强大的导引功能。

(一)网络大众化对马克思主义大众化的契机与阻抗

网络技术与一切科学技术一样是一把双刃剑,既有积极作用,也有消极影响。对于马克思主义大众化而言,网络大众化既提供一种十分难得的新契机,也带来了前所未有的阻抗。

---

① 覃欢、韦诗业. 新媒体对高校大学生的影响及德育对策研究[J]. 教育观察,2015(13).

② [美]尼葛洛庞帝. 数字化生存[M]. 海口:海南出版社,1997:15.

一方面，网络大众化为马克思主义大众化提供了新契机，主要表现在：第一，网络大众化为马克思主义大众化开辟了新的空间，提供了新的方法、手段和载体。网络大众化创造出一种大众化的虚拟网络空间，在这里广大网民可以自由驰骋于人类已有的几乎所有知识与信息领域，并各尽其能、各取其需，推进新知识新信息的创新与传播。马克思主义作为一种迄今为止最科学、最革命的世界观与方法论，具有在网络虚拟空间夺取理论话语权的巨大潜质。只要方法科学、路径畅通、策略得当，马克思主义大众化必定可以在网络虚拟空间高歌猛进，成为广大网民的内化于心、外化于行的坚定信仰。网络大众化还衍生出人际思想传播的方便快捷的新方法新手段和新载体，比如年轻人中流行的微信、微博、陌陌、QQ，以及五花八门的虚拟社区等，这些方法、手段和载体同样能够为马克思主义大众化所用。第二，突破时空限制，降低马克思主义大众化的实现成本。为巩固马克思主义一元指导地位，党和国家每年皆花费巨资。而网络大众化催生的大众化网络，不仅传播功效方面超越时空性无限放大，其传播成本也同时最大化廉价。在大众化的网络中推进马克思主义大众化，可以在提升效果的同时极大降低大众化成本。第三，生成全方位大数据，增强马克思主义大众化的针对性和精准性。“大数据时代的到来、信息化手段的快速发展为我们研究马克思主义大众化、研究社会主义核心价值观入心入脑问题提供了许多技术支撑。”①要实现马克思主义大众化，需要小众化、个性化的需求对接。网络大众化生成的大数据，将以数字形式全方位记录、记载、反映人们思想观念、价值取向，这对于提升马克思主义大众化的针对性和精准性，具有重要意义。

---

① 沈壮海．社会主义核心价值观研究的几点思考[J]．学校党建与思想教育，2015(5)．

在另一方面,网络大众化带来马克思主义大众化的新阻抗,主要表现在:第一,网络服务的去中心化特性削弱了马克思主义大众化传播主体的权威性与话语权。传播主体的权威性和话语权是马克思主义大众化的必备条件,这种权威性和话语权可以通过精心的组织架构赋予,比如在课堂教学中教师掌握着学生的成绩评定权力。然而进入网络虚拟世界中,网络服务具有立体、交互特性,每个人既可以是信息接受者,也可以是信息发布者,这打破了一对多的传播模式,实现单中心向多中心甚至向去中心化转变,使网络世界具有浓浓的"平民化"、"草根性"色彩,无形当中削弱了马克思主义大众化中传播主体的权威性和话语权。第二,网络信息的立体碎片化特性冲蚀马克思主义大众传播的系统性要求。马克思主义内容方面包罗万象、博大精深,需要进行系统性的教育和学习方能准确完整地掌握其基本要义。然而在网络大众化时代,人们的信息接受偏向于立体碎片,这种习惯的养成冲蚀马克思主义大众传播过程的系统性要求,极易引发人们片面化、主观化理解马克思主义。第三,网络不良信息削弱马克思主义大众化传播效果。网络时代,人们越来越依赖网络获取信息。然而网络信息鱼龙混杂,充斥着许多虚假、低俗甚至反动、淫秽和暴力等信息,特别是敌对势力有组织有预谋地开展网络意识形态渗透工作,严重削弱马克思主义大众化传播效果。第四,网络引发人的异化,阻抗网民对马克思主义的认同。网络异化现象主要包括身份认同异化、符号互动异化、虚拟场景异化、网络文化异化等,它主要是由于网民对网络的使用不当所引发的,会导致网民丧失主体性,疏离现实社会关系,迷失或受控于虚拟世界的角色、情境和互动,使个性片面发展甚至畸形发展。这严重阻抗网民对马克思主义的情感认同。

(二)马克思主义大众化对网络大众化的适应与导引

网络大众化是社会生产力发展到一定阶段的必然产物,凝聚了人类智慧结晶,满足了人类现代生产与生活的高质量需求。置身于网络时代背景的马克思主义大众化,必须主动适应网络大众化。第一,这是"大众"发生改变而提出的新要求。马克思主义大众化的基本指向在于"大众",而大众是由"现实的人"所组成的,在不同时期具有不同特点。既然"人创造环境,同样,环境也创造人"①,我们只有结合当前具体的现实的社会环境,才能准确把握大众的特点,进而寻求大众化的有效路径和方法。当前,大众成为网络化之大众,马克思主义大众化只有顺应趋势,在大众化的理念、方法、载体等方面进行创新。第二,这是马克思主义与时俱进品质的内在要求。恩格斯说:"我们的理论是发展着的理论,而不是必须背的并机械地加以重复的教条。"②这深刻揭示,马克思主义是伴随时代发展变化而不断丰富发展的科学理论。这种理论品质赋予了马克思主义蓬勃生命力。在网络大众化的时代里,我们党的各项工作皆面临许多新情况新问题,要求从理论上和实践中做出解答。这要求马克思主义的与时俱进,在创新中大众化,在大众化中创新。而创新的前提是适应,马克思主义大众化只有适应网络大众化时代,才能更好地与时俱进。

马克思主义大众化的持续推进,对网络大众化具有强大的导引功能。第一,它可以提供网络虚拟世界的科学认识工具。网络虚拟世界是一个纷繁复杂、变动不居的精神世界,人们要对这个世界有一个全面深刻的认识,就需要具备正确的立场和科学的思维方式和分析方

---

① 马克思恩格斯选集(第1卷)[M]. 北京:人民出版社,1995:92.
② 马克思恩格斯选集(第4卷)[M]. 北京:人民出版社,1995:4.

法，这正是马克思主义理论所能提供的。如，马克思主义立足于最大多数群众的立场和实事求是的态度，是我们正确认识网络的前提；全面的、发展的、辩证的思维，是我们透过现象看本质，把握变化莫测网络世界本质的可靠保证。第二，它可以提供网络虚拟世界的科学改造工具。马克思指出："哲学家们只是用不同的方式解释世界，而问题在于改变世界。"①马克思主义自诞生以来，也的确改变了整个世界的历史进程，成为被实践所证明的伟大改造世界之工具。马克思主义理论对于网络虚拟世界同样是伟大的改造工具，有助于科学规约网络大众化的全面协调可持续发展。比如，网络虚拟世界中的多元文化，精华与糟粕并存，并且"精华和糟粕并不是截然分开、泾渭分明。在明显是精华和糟粕（这些只能是少数）的两端之间，有以不同程度掺杂着精华和糟粕的大量事物"②，对这些糟粕与精华并存的多元文化加以有效改造，即进行科学的分析、鉴别、采择、消化，是摆在当前的重要任务。邓小平指出："属于文化领域的东西，一定要用马克思主义对它们的思想内容和表现方法进行分析、鉴别和批判。"③马克思主义毫无疑问是网络虚拟文化的科学改造工具。第三，引领大众实现虚实和谐发展。网络大众化带来大众网络化，大众整日穿梭于现实社会与虚拟社会之间，在此背景下大众的发展就自然包含了现实社会和虚拟社会的两个向度。"当下人的发展场域必然走向现实社会和虚拟社会交融的场域，即虚实交融。"④人要做到全面和谐发展，就不仅仅要在现实中发展自己，也要在网络虚拟世界中发展。⑤ 然而，大众如何才能做到虚拟和谐发展呢？马克思主义理论提供了有益启示和科学

① 马克思恩格斯选集（第1卷）[M]. 北京：人民出版社，1995：92，61.

② 胡绳. 如何建设中国新文化[J]. 历史研究，1995（1）.

③ 邓小平文选（第3卷）[M]. 北京：人民出版社，1993：44.

④ 曾令辉. 虚拟社会人的发展研究[M]. 北京：人民出版社，2009：211.

⑤ 张再兴. 网络思想政治教育研究[M]. 北京：经济科学出版社，2009：126.

引领。这是因为,马克思主义理论一反西方思想史上孤立看待个人的思想逻辑,以新的视野科学揭示人的本质——社会关系的总和,主张在社会生活中寻求人生的意义和价值,强调人们充分发挥主观能动性,在实践当中认识世界和改造世界等,这些为广大网民提供了人生的有益启迪,是大众规避网络异化,实现自身虚实和谐发展的科学引领。

三、网络大众化视域下的马克思主义大众化路径

“世异则事异,事异则备变”。无论我们是否喜欢,网络大众化时代已经来临,并深刻变革着我们的生产生活。网络大众化的出现,令整个时代的面貌为之翻天覆地,整个社会的运作机制为之斗转星移,整个人类的思维方式为之深刻变革。网络大众化的新环境,迫切要求马克思主义大众化路径的锐意创新,这既是网络大众化自身健康发展的诉求,更是党的意识形态建设的需要。

(一)树立并强化马克思主义大众化的网上网下协同合力推进理念

网上网下协同合力推进理念,主要是指在马克思主义大众化进程中,针对网上网下两种不同的传播环境,整合网上网下两种不同的资源和手段,协同实现马克思主义大众化目标的理念。此一理念的实质在于,马克思主义的网络大众化模式与传统大众化模式的相互融合并形成合力的实践过程。在网络大众化时代,确立马克思主义大众化网上网下协调推进的理念,要求摒弃主观性、片面化的形而上学式观念和思想,以客观的立场、理性的眼光,辩证看待马克思主义的网络大众化模式与传统大众化模式的各自优缺点及其相互

依存的关系,为实现网上与网下的大协同奠定思想基础。同时,基于协同推进实践需要,应加强规划、完善制度、规范管理、充实队伍,将马克思主义大众化的网上与网下协调合力推进理念转化成为实际工作中的长效性行动。

(二)培育覆盖面广、吸引力强、多层级的马克思主义大众化网络平台

马克思主义大众化绝非仅仅依靠轰轰烈烈的政治运动能所能达成,而是要以分众化、小众化的微风细雨般孕育为基点,以覆盖面广、吸引力强、多层级的平台建设为支撑。网络大众化时代,马克思主义大众化工作更应如此。具体而言,应该正视广大网民多元分层分化的实际,通过打造各类主题网站、博客、微博、微信、QQ 空间、QQ 群、手机报、校园网、BBS、电子邮箱等为平台和载体,构建覆盖面广,吸引力强、多层级的马克思主义大众化网络平台,努力强化针对性与精准性,并通过水滴石穿般的长期思想教化来实现马克思主义大众认同。

(三)形塑马克思主义大众化的网络式方法体系

推动网络大众化时代马克思主义大众化,必须构建配套性的网络方法体系,其中要重点构建如下三类方法。一是构建大数据的分析方法。大数据既是一种时代背景,一种研究对象,也是一种分析的工具和方法,网络大众化时代的马克思主义大众化工作,应善于收集、筛选、整理和分析大数据,借此掌握网络化大众的思想行为特征状态,以便有针对性地推动大众化。二是构建网络舆论引导方法。在网络大众化时代,广大马克思主义理论工作者和传播者要努力掌握网络语言,善于分析和预测网络舆情走向,擅长网络议程设置,立志成为网络

意见领袖，并且注重运用科学理论分析和解决网络大众关注的热点焦点现实问题，把重心和侧重点放在引导上，通过引导潜移默化地让网络大众接受马克思主义的基本立场、基本观点和基本方法。同时，应更多地将硬性、直接、显性的灌输模式转化为柔性、间接、隐性的模式。三是构建优秀网络文化激励方法。网络文化是一种全新的文化形态，对网民的影响是悄无声息却又根深蒂固的。马克思主义大众化要想取得持久成效，就不能仅仅依靠政府的行政性推动，更需要构建优秀网络文化的激励方法。优秀网络文化的激励方法，就是通过塑造与马克思主义相匹配的、反映时代进步与人民心声的网络文化来教育引导大众的方法。

（四）建构契合马克思主义大众化需求的网络管理机制

美国著名未来学家阿尔温·托夫勒断言，谁掌握了信息，控制了网络，谁就拥有世界。网络大众化时代，加强网络管理是所有主权国家的通行做法。党的十八大报告明确要求，"加强网络社会管理，推进网络规范有序运行"①是网络大众化时代加强网络管理的基本目的，是维护我国社会主义网络意识形态安全，保障马克思主义大众化的需要。我们所要建构的网络管理机制，要求网络管理各要素的构成方式、作用方式以及由此产生的网络管理整体的运行方式和功能，皆能契合马克思主义大众化的需要。网络大众化时代的马克思主义大众化网络管理机制建构，主要应从体制和制度两个方面介入。根据马克思主义大众化需要，网络管理机制至少应该包括大众化的网络法治机制、大众化的网络理论队伍培育机制、大众化的

① 胡锦涛．坚定不移沿着中国特色社会主义道路前进为全面建成小康社会而奋斗——在中国共产党第十八次全国代表大会上的报告[N]，人民日报，2012－11－18(2)．

网络传播机制、大众化的网络监控机制、大众化的理论队伍与网民的互动机制、大众化效果的网络评估机制等。所有这些机制的内部作用及其相互间的作用,将共同形成马克思主义大众化的网络管理机制。

第七章

马克思主义大众化的网络传播境遇与优化路径

一、网络传媒时代马克思主义大众化的现实境遇

（一）信息传播的自由化削弱了马克思主义大众化传播的控制权

美国政治学家亨廷顿指出："对一个传统社会的稳定来说，构成主要威胁的，并非来自外国军队和坦克的进攻，二是来自外国观念的侵入，印刷品比军队和坦克推进的更快、更深入。"[①]网络传播媒介具有极大的自主性和宽泛的自由度，在网络这个开放的平台上，各种思潮广泛、迅捷地传播。随着时代的发展，我国的国家安全观在内涵和外延上呈现空前的丰富和宽广，总体国家安全观不仅包括政治安全、经济安全、军事安全和社会安全等传统安全，还包括意识形态等方面的非传统安全。当今世界的主题是和平与发展，然而一些别有用心的西方国家从来没有放弃对我国进行意识形态的渗透，企图达到颠覆社会主义国家的丑恶目的。随着网络传媒时代的到来，西方国家充分利用

① [美]塞缪尔·P·亨廷顿．变化社会中的政治秩序[M]．王冠华等，译．三联书店，1989：14.

一切能够利用的工具,诸如手机、电视、广播、电子书籍等媒介,尤其是通过互联网平台,大肆传播西方国家的意识形态、思想理念和生活方式,企图在全世界推行其文化价值,从而实现文化入侵。如今,西方国家正在紧锣密鼓地加紧对我国进行意识形态的渗透,严重威胁我们的主流意识形态。

"网络化加剧了社会主义与资本主义在意识形态领域的争夺,使当代中国马克思主义大众化的任务变得更为艰巨。"①如今网络传媒时代的到来,使信息的传播更加方便、快捷。西方国家利用网络传媒向我国大肆传播各种信息,宣扬其西方意识形态、价值观念和生活方式,动摇我国传统文化根基,紧锣密鼓地利用各种平台与媒介来进行文化渗透,欲达到颠覆我国社会主义制度的丑恶目的。网民正在不知不觉中受到西方意识形态的影响,尤其是青少年。由于青少年的世界观、人生观和价值观正处于形成和发展时期,缺乏独立思考、分析和判断的能力,对世界的认知还比较肤浅,政治立场不够坚定,极易受到腐朽或错误思想的诱导和蛊惑。因此,年轻用户在泥沙俱下的信息自由化背景下,极易受到一些反动信息和腐朽思想的蛊惑和诱导,从而在思想观念、价值向度和生活方式等方面呈现西化倾向。由于信息传播具有自由化的特征,各种反马克思主义的思潮纷至沓来,削弱了马克思主义大众化传播对信息的控制权。

(二)信息传播的虚拟性损害了马克思主义大众化传播的公信力

网络中信息传播的虚拟性和隐匿性导致了传播者真实身份的隐退,弱化了现实社会中的道德约束,屡屡出现网络道德失范的现象。

① 高乃云. 论马克思主义大众化的网络传播境遇及策略优化[J]. 西南民族大学学报(人文社会科学版),2012,(6):202.

网络是由文字、图片、声音等多种元素构成的一个炫丽多彩的世界,它给人们的生产、生活带来了诸多便利和色彩。然而,网络是把双刃剑,它在施展独特魅力的同时,也在释放它的危害。[①] 由于网络具有虚拟性,在网络世界里传播者可以隐藏或者更改自己的真实身份,随意杜撰性别、年龄、籍贯、民族、学历、职业、收入等多种个人信息,随心所欲地把自己包装成心中理想的模样。由于网络世界里传播者的身份缺乏有效监管,传播者可以根据自己的需要肆意变更身份,甚至同时以多个不同的身份进行网络活动。在现实世界中,每个人的身份是真实的、具体的,特点的身份对应的是特点的道德责任,在现实生活中人们违背社会道德将会承受巨大的舆论压力,遭到相应的道德惩罚。然而,在网络世界中,传播者利用网络的虚拟性无所畏惧,肆无忌惮地进行一切传播活动,把与真实身份相对应的道德责任抛之脑后。

美国经济学家埃瑟·戴森指出:“数字化世界是一片崭新的疆土,可以释放出难以形容的生产量,但它也可能成为恐怖主义和江湖巨骗的工具,或是弥天大谎和恶意中伤的大本营。”[②]当今我国正处于社会转型期,各种社会矛盾凸显,人们生活压力较大,内心会产生茫然感、失落感和挫败感等诸多消极感受。面对屡屡出现的一些社会不公或丑恶现象,人们会表达出强烈的不满和愤慨,并倾向于利用网络媒体来排遣心中的郁闷、愤怒、忧伤、无奈等消极情绪。人们淋漓尽致地表达和宣泄自己的各种情绪,“有时甚至施以语言暴力,使得网络沦为语言垃圾场以及暴力和色情的温床。这种充斥着

① 马丽萍. 论道德冷漠的形成机制[J]. 武汉理工大学学报(社会科学版),2015,(1):54.

② [美]埃瑟·戴森. 2.0 版数字化时代的生活设计[M]. 海口:海南出版社,1998:17.

情绪化和极端化的网络言论使网络舆论出现非理性化的趋势。”①由于网络社会信息监管机制的缺乏，致使某些心怀不轨的传播者能够利用其虚拟的网络身份传播有害信息，并能使自己成功避免道德的惩罚。信息的“无归责”状态使传播者随心所欲、肆无忌惮地散布一切反动、虚假和暴力信息，严重损害了马克思主义大众化传播的公信力。

（三）信息传播的开放性降低了马克思主义大众化传播的针对性

网络时代的到来，各种信息呈裂变式和爆炸式传播，不论是信息的传播范围和还是传播速度都呈现史无前例的高峰状态。网络传媒时代信息传播具有开放性，信息浩如烟海、五花八门，让人目不暇接、眼花缭乱。信息采用数字存储，存储量随着存储技术的发展而不断扩张具有理论上的无限性。相对于传统的马克思主义大众化单向度传播方式，开放性的信息传播方式极大地拓展了信息的深度和广度，丰富了信息量，给受众提供了更大的信息择取面。

然而，海量的信息给受众带来增加信息量、扩大选择面等益处的同时，也给受众高效地选择有利信息提出了巨大挑战。一是海量的信息鱼龙混杂、良莠不齐，受众不可避免地会受到异质信息的侵扰。由于信息的性质有科学与非科学、积极与消极、正确与错误之分，受众在选择有利信息时，在大量异质信息混杂的状况下，难免会接收到有害信息。这严重阻碍了马克思主义大众化的传播，使网络信息的价值度下降甚至消失。“网络传播中大量存在的严重影响受众选择性接收的无意义甚至是有害的信息，必然会造成受众认识、理解和接受马克思主义信息的直接障碍，这已成为制约马克思主义大众化传播绩效的主

① 邹新．网络社会视域下马克思主义大众化传播的现实境遇与路径选择［J］．理论界，2013，(10)：152.

要问题之一。”①二是庞大的信息量为受众挑选真正有利信息增加难度。网络传播的海量信息中,存在大量对受众既缺乏正面价值又没有明显害处的垃圾信息,这类信息虽然不像有害信息那样直接对受众产生负面影响,但在受众挑选真正有利信息的过程中会浪费受众的时间和精力,降低受众在网络中获取有利信息的效率。海量的信息要求受众具备较强的分析和判断能力,能够识别并远离垃圾信息和有害信息,避免受到侵扰。马克思主义大众化传播的信息是科学的、正确的,网络的开放性无法保证所有信息的价值度,浩瀚的信息量加大了受众选择和判断信息科学性的难度,降低了马克思主义大众化传播的针对性。

(四)信息传播模式的局限性降低了马克思主义大众化传播的实效性

马克思主义大众化传播的传统模式是单向度的灌输,以传播者为中心,以媒介为手段,把马克思主义的理论、观点和方法填鸭式地灌输给受众,而受众只能被动地接受传播者灌输的信息。传统的灌输型传播模式,局限性越发凸显。一是忽视了受众的主体性。传播学的受众互动论表明,普通群众和社会团体不仅是大众传播中的受众,而且是信息交流中的传播者,能够广泛利用各种媒介来充分表达自己的立场、观念、思想和见解。传播学的满足需要论也表明,受众面对大众传播并不是被动的,实际上受众倾向于主动选择自己所偏爱的和所需要的媒介内容和信息,而且不同的受众还可以通过同一个媒介信息来满

① 段海超,元林. 论马克思主义大众化网络传播[J]. 思想政治教育研究,2011,(6):50.

足不同的需要,并达到不同的目的。[①] 在网络传播活动中,受众具有极大的主动性。由此可见,人具有极大的主观能动性,会主动选择和使用各种媒介来满足自己的各种实际需要。

受众不会被动地充当网络信息的接收器,而是会根据自己的需求来主动甄别和遴选,使自己的需求得到最大化的满足。受众是具有特殊“需求”的个体,受众通过对媒介和信息的主动选择与积极使用,来满足自己的各种需求。[②] 可见,受众具有极大的主动性,并非消极的信息接收器,尤其在网络传媒时代信息的交互性特点更突出了受众的主体性地位。无视受众的积极性与主动性,忽视受众的需求和反馈作用,必定会使马克思主义大众化传播效果大打折扣。

二是忽视了受众的差异性和层次性。第一,不同的受众千差万别。每个受众的成长环境、年龄特征、行为方式、生活阅历、文化程度等方面都存在巨大不同,导致各个受众的立场、态度、思想观念、实际需求等方面也具有极大差异,众多方面的差异决定了不同的受众对信息有完全不同的需求。第二,即使是同一受众,在不同的年龄阶段、生活条件、成长环境等等因素的影响下,也会对信息产生不同的需求。[③] 马克思主义大众化传播过程中存在简单化和一刀切的弊端,没有根据不同的受众采取针对性的传播形式。受众接受马克思主义大众化的能力和意愿因人而异、千差万别,没有整齐划一的标准。如果脱离了受众的具体特征与实际需求,无视受众的差异性

---

① 马丽萍. 受众理论视阈下提高大学生思想政治教育实效的创新路径[J]. 学校党建与思想教育,2015,(12):20.

② 马丽萍. 受众理论视阈下提高大学生思想政治教育实效的创新路径[J]. 学校党建与思想教育,2015,(12):20.

③ 马丽萍. 受众理论视阈下提高大学生思想政治教育实效的创新路径[J]. 学校党建与思想教育,2015,(12):21.

和层次性，不坚持具体问题具体分析的原则，而是不分对象地笼统化传播，导致受众的需求得不到满足，这样的传播是无效的，无法得到受众的认可、理解和支持，甚至会引发受众的抵触和逆反等负面情绪，致使马克思主义大众化的传播效果微乎其微。因此，传统的信息传播模式已经严重影响了网络传媒时代马克思主义大众化传播的实效性。

二、网络传媒时代优化马克思主义大众化的路径建构

（一）巩固马克思主义大众化的指导地位，巩固党对意识形态的领导权

中国共产党是中华民族和社会主义事业的领导核心，在网络传媒时代尤其要巩固对意识形态的领导权。意识形态与政党关系密切，意识形态依靠政党作为其载体，意识形态是政党用以实现社会整合和社会控制的工具。马克思主义是社会主义意识形态的主导思想，在社会主义革命、建设、改革的历史进程中都发挥了巨大的作用，极大地促进了社会的进步与发展。充分认识到意识形态领域斗争的长期性、复杂性和尖锐性，时刻都不能放松党对意识形态的领导工作，是社会主义事业健康长足发展的必要保证。江泽民同志指出："思想文化阵地，马克思主义、无产阶级的思想不去占领，各种非马克思主义、非无产阶级的思想甚至反马克思主义思想就会占领。"①

网络传媒时代信息自由传播，互联网成为各种思潮和意识形态竞相争锋的场所。一些奉行霸权主义和强权政治的西方国家，不断

① 江泽民文选（第3卷）[M]. 北京：人民出版社，2006：97.

推行文化殖民政策，对我国进行意识形态侵扰，猛烈冲击我国的文化安全，对主流意识形态造成极大威胁。在当今严峻的国际形势下，党必须要高度重视和努力加强对意识形态的领导，最大限度地利用网络平台和各种新媒介，唱响马克思主义的主旋律，占据马克思主义大众化传播的主阵地。党要加强主流网站和数字化平台的建设，加大理论宣传的影响力。马克思主义大众化传播离不开理论宣传，必须要充分发挥主流媒体和网站及优秀数字化作品的传播作用。目前，我国用以宣传马克思主义大众化的主流网站品牌偏少，还需要大大增加诸如新华网、光明网、人民网等权威品牌。目前，现有的很多网站板式陈旧、内容枯燥、形式单一，缺乏吸引力和感染力，没有充分发挥网络宣传的影响力。另外，网络理论宣传的"同质化"现象严重，诸多宣传网站内容雷同，形式"千篇一律"，缺乏自主创新和本土特色。主流网站和数字化平台建设需要从内容和形式上实现变革，内容上要丰富多彩、形式上要生动活泼，以网民喜闻乐见的方式来传播马克思主义大众化，坚决捍卫马克思主义主流意识形态的指导地位。

(二)加强对信息的监管，提升网络环境的有序性

网络传媒时代信息的开放性和自由化给受众带来极大的便利和益处，同时也给网络环境的健康有序和谐发展提出了前所未有的挑战。由于缺乏完善的信息监管机制，在网络世界里各种反动言论和虚假信息肆意传播，各种色情、暴力信息泛滥成灾，诸多负面信息在吸引受众的眼球和侵蚀受众的灵魂。网络社会虽然是虚拟空间，但它终归是人在使用，为人服务，网络社会仍是人类社会的一部分，因而人类社会里用来规范人们言行举止的道德与法律在网络社会里依然是必要的。没有规矩，不成方圆。信息的自由化不意味着可以

随心所欲,信息的开放性不等于能够胡作非为。即使是在虚拟的网络世界,网民也要遵守道德和法律的规定,科学、合理地利用网络媒介。

健康的环境与良好的氛围有利于马克思主义大众化网络传播,营造能够引导、感染和激励受众的传播情境,有利于受众积极选择和主动接受马克思主义传播。一是要加强对网络的法律监管,确保网络信息健康有序传播。把信息的监管纳入法制化轨道,严厉打击各种利用互联网散布有害信息甚至从事犯罪行为的现象,从信息源头上严格准入。建立和完善网络分级管理体制,加强对网络运营和网络产品的监管。二是净化网络环境,努力构筑绿色网上空间和服务平台。积极倡导网络道德自律。充分发挥社会监督作用,根据受众结构特点和网络应用出发搭建服务平台,突出互联网的社会服务功能,打造集教育、服务、娱乐等功能为一体的网络文化空间,建设传递文明和谐、温馨友爱的幸福家园。三是进行公众监督和社会教育,要加强社会主义核心价值观教育,引导网民自觉遵守网络道德与法律,严格规范自己的网络言行举止,养成良好的网络行为习惯。

(三)加强传播者队伍建设,提高专业人才的传播力

毛泽东同志曾指出:“无产阶级没有自己庞大的技术队伍和理论队伍,社会主义是不能建成的。”[①]马克思主义大众化的有效传播离不开一支政治立场坚定、业务能力精湛的专业技术队伍。在马克思主义大众化传播的过程中,马克思主义宣传队伍是传播的中流砥柱。专业技术队伍的整体素质高低,对马克思主义大众化传播的形态、路径和效果都会产生极大的影响。在当今网络传媒时代,必须加强专业技术

① 毛泽东文集(第7卷)[M]. 北京:人民出版社,1999:309.

队伍建设，提高专业人才的传播能力。

一是要提升专业人才的理论素养。理论宣传是马克思主义大众化传播的必要保证，也是取得良好效果的前提和基础。从事理论宣传的专业队伍必须具备扎实的理论功底，牢牢掌握马克思主义基本原理、观点和方法，并能够理论联系实际，学以致用。在马克思主义大众化的传播过程中，必须理论联系实际，把抽象的马克思主义基本理论与受众具体的实际需求相结合，这样才能让受众自觉领悟和接纳马克思主义理论。相反，如果理论宣传仅仅只是空谈口号，脱离生活、脱离实际、脱离需求，则无法激起受众的兴趣和热情，马克思主义大众化则沦为空谈。二是要提高专业人才的新媒体技术水平。“在马克思主义大众化传播过程中，技术要素对马克思主义大众化传播的重要性得到了空前的增长，成为马克思主义大众化传播的特殊要素。”[①]在具体的马克思主义大众化传播过程当中，很多传播工作者由于缺乏网络知识技能和传播经验，不会使用一些新媒体技术，只会使用传播的手段和媒介来进行传播，导致马克思主义大众化传播显得枯燥乏味，毫无吸引力。传播者的理论素养不足与新媒体技术水平欠缺成为网络传媒时代影响马克思主义大众化传播的一个主要问题。因此，在网络传媒时代，广大马克思主义大众化的专业人才必须与时俱进，顺应时代潮流，主动学习网络知识，熟练掌握各项新媒体操作技术，游刃有余地利用新媒体技术来进行马克思主义大众化传播。专业技术人才自身的综合素质提高了，才能更好地进行马克思主义大众化传播，并引导受众来选择和吸收马克思主义的精髓，提高受众选择信息的实效性和科学性。

---

① 吕治国．略论新媒体环境下马克思主义大众化的传播路径[J]．思想理论教育导刊，2011，(9)：43.

（四）优化整合传播媒介资源，增强马克思主义大众化的影响力

系统的传播过程离不开传播媒介，任何信息的传播都需要借助一定的传播载体和平台的媒介作用。信息的碎片化使得信息的流动更加开放自由，书籍、报纸、广播、电视等传统媒介与互联网、新媒体等新型媒介共同发挥着传播功能。随着网络传媒时代的到来，传统媒介的话语权威与传播效能在逐渐退化，新型媒介正在兴起与发展，在传播媒介中的份额正在不断增长。如今，传播媒介呈现融合化、数字化的趋势，受众的类型也种类繁多。马克思主义大众化为了取得良好的传播效果，必须充分尊重受众的个性化特点，采用更加贴近受众实际需求的传播媒介。"如何能够使马克思主义传播形式通俗化、传播方式形象化、渠道手段现代化，是马克思主义实现大众化的关键因素。"[①]不同受众的生活环境、文化程度、兴趣指向、心理特征、思维模式等千差万别，对信息的接受习惯和选择方式也因人而异。因此，马克思主义大众化传播必须最大限度地整合各种媒介资源，争取把各种类型的受众都纳入到媒介的影响范围之内。

第一，要继续发挥传统媒介的效用，利用书籍、报纸、刊物等传统媒介宣传马克思主义基本理论。虽然在网络传媒时代，传统媒介在传播媒介中所占份额在逐渐减少，但仍然要继续发挥它的作用，尤其是一些红色经典刊物要继续充当主流意识形态的喉舌。

第二，要不断学习和掌握各种新媒体技术，利用先进的知识和技术来高效传播。互联网时代，信息的容量、影响范围和传播速度是所有传统媒介所无法比拟的。广大受众越来越倾向于选择新型媒介来

---

① 李春会．马克思主义大众化传播的现实困境[J]．燕山大学学报(哲学社会科学版)，2012，(1)：10.

接收和选择信息,因而必须根据受众接受方式的喜好,广泛使用手机、博客、微信、论坛等平台来传播。

第三,加强基础设施建设,增加传播媒介的覆盖面。要向广大农村和边远地区辐射,加强数字化基础设施建设,从技术层面上为马克思主义大众化传播提供支持,增加传播的覆盖面和影响力。

第八章

网络传媒时代马克思主义大众化话语转换研究

马克思主义理论是我国主流意识形态,而实现马克思主义理论的大众化是当前我国意识形态建设的重要内容。马克思主义大众化,其一是指马克思主义能够易于为群众掌握,即通俗化;二是指要尽可能多的广大群众理解掌握和运用马克思主义处理各种问题,即普及化。话语体系是思想理论体系和知识文化体系的表达方式,一定的意识形态内容总是通过相应的话语体系表现出来的,马克思主义大众化的思想理论创新需要话语体系的优化和发展。

网络传媒时代的信息传播具有互动性,多元性,快捷性和大众性的特点,“信息文化极为有力并有效地取代了原有的主流文化和精英文化,并把主流意识形态稀释筛选后以日常意识形态的形式作为主要承载者。”①这种转变给马克思主义理论的传播提出了新的挑战。网络传媒时代,要使马克思主义理论为更多的人所接受,就必须通过渗透的方式,将理论进一步通俗化、生活化、艺术化,使马克思主义理论

① 唐莉. 信息化视域中的马克思主义大众化策略[J]. 毛泽东邓小平理论研究,2009,(2):18.

通过新媒体得到更好、更广泛的传播。① 任何思想“如果不为人民群众所掌握,即使是最好的东西,即使是马克思列宁主义,也是不起作用的”。② 从话语体系方面,要革新马克思主义理论的话语内容,使其为人民所喜闻乐见,做到贴近生活,寓教于乐;在话语形式方面,要采用网络传媒媒介下引领和互动结合的,严肃性和生活化交融的,教化和交流同在的话语形式;在话语媒介方面,需要充分发挥各种网络传媒的作用,立体多维地传播马克思主义大众化的内容,使马克思主义大众化的理论自然而然地渗透到人们的生活中,通过“润物无声”的方式达成理论转换为人们的思维习惯、行为标准和价值观念,帮助人们践行马克思主义理论,用马克思主义理论的价值观和方法论指引生活。

相当长一段时间以来,我们国家存在的文化弱势心理和我们较为被动的话语表达困扰着中国的自我诠释以及与世界的沟通。互联网时代处于文化和信息强势地位的西方某些国家在推销其价值观时,通过使用“话语陷阱”而包装容易被广泛接受的概念,属于中国人自己的话语表达方式逐渐被取代,话语自信受到打击。马克思主义大众化是社会主义中国树立话语自信的重要一环,在推进其在民众生活中广泛传播和实践需要塑造良好的话语框架,丰富优质的话语内容,建构灵活的话语表达方式,建立中国特色的马克思主义大众化的话语体系。

一、为何要在网络传媒环境下革新马克思主义大众化的话语体系

网络传媒时代技术的进步,各种新媒体层出,人们的信息传播方式发生了相当大的变革,媒介话语环境更新换代,马克思主义大众化

---

① 郑洁. 网络媒体传播社会主义核心价值观的机制探析[J]. 社会科学家. 2014,(6):35.

② 毛泽东选集(第4卷)[M]. 北京:人民出版社,1991:1515.

话语体系的变革需要面对和适应这些变化。

首先,话语平台从相对单一向复合多元方向转变。网络技术的进步极大地丰富了传播媒介的形态。从传统方式来看,话语媒介主要是报纸、广播、电视等途径,容易统一传播口径,具有明显单向性的特征。而新媒体时代,以网络论坛、博客、微博、微信等为主的媒介形态,打破了传统大众媒体所垄断的话语格局,为信息传播和话语表达开拓了更为多元的平台和空间。

其次,话语主体从少数精英向多数公众延伸。话语主体的扩大标志着媒介话语权的变迁。从概念上来讲,"媒介话语权就是公众为了实现既定的利益目标,在公共领域发表言论的权利及其言论潜在的社会影响力。"①它是一种公共权力,是公民话语权在大众传播媒介上的实现。但是由于公民在媒介资源接触使用和支配的程度方面的不平等性,媒介话语权尤其是传统意义上的大众传媒时代的话语权实际上是集中掌握在报纸、广播、电视的发声者等少数精英的手中。传统媒体受众的话语权非常狭窄,一般以"听众来信""读者来信"的形式存在,受众面积和表达深度都很受影响。而以交互、即时和平等为主要特点的新媒体技术的实现,提供给大众分享媒介话语权的可能,使得多数公众在信息获取、传播以及意见表达上获得了平台。

再次,话语方式从相对封闭向更为开放转变。互联网使得大众传播从单向传播为主走向双向传播为主。媒介融合不断推进,传统媒体的传播模式逐渐失去影响力,其中与时俱进的部分传统媒体逐渐向新媒体靠拢,大量的新媒体成长起来,在话语方式上形成更具有开放性的局面,传播时代逐渐进入了"互播"时代。

第四,话语效果从较为单纯理想向复杂多变转变。以报纸广播和

---

① 郭继红.利益群体多元化背景下媒介话语权发展存在的问题及对策研究[D].北京:北京邮电大学,2008.3.

电视为主的传统传播时代话语环境相对单一,受众接受传播信息的意愿较为强烈,话语效果较为理想。在网络传媒时代,“大众传媒话语权不再是能不能张嘴说话的问题,而是能不能通过大众传媒说话、说的话能不能为受众广泛认可的问题。”[①]传统单向、训导、号召、政治口号式的话语方式所产生的话语效果在崇尚“消费主义”和“娱乐至上”的网络传媒时代会显得苍白,而追求互动、交流、灵活、充满生活气息的话语方式得到推崇。

二、如何在新媒体环境下革新马克思主义大众化的话语体系

马克思主义大众化作为党和国家意识形态教育与传输的重要内容,在大众传播媒介中有效传播才能使得广大人民群众认知、认同和践行,因为大众传播媒介对传播信息具有增值的能力,“施拉姆称媒介具有“倍增器”作用。网络媒体互动性强、即时传播、扩散范围广泛的优势放大了信息传播的“倍增器”作用。”[②]新媒体环境下,构建更具有生命力的马克思主义大众化话语体系需要适应新媒体信息传播的特点,我们拟从话语内容、话语形式、话语载体和话语目标四个方面来探讨网络传媒环境下马克思主义大众化话语体系革新的问题。

(一)话语内容方面

1. 马克思主义大众化话语内容需要合理的议题设置

网络传媒每天向人们提供海量刚刚发生的或者正在发生的事实报道,用以满足公众认识世界的需要。媒介工作者捕捉公众感兴趣的人或重要的事,通过日复一日的选择和发布,集中公众对世界某些方

---

① 张众. 自媒体时代大众传播话语权的嬗变[J]. 今传媒,2014(11):26-28.

② 干瑞清. 新媒体时代环境传播的特性[J]. 青年记者,2013(35):23-25.

面的注意,影响着他们对当今社会的认识与态度,进而使得媒介议程逐渐转变为公众议程。[①] 在另一个层面,网络传媒的发展促使人们成为信息的发布者和传播者,人们自主选择信息传递和接受的过程使得受众对信息的注意和思考变得更为主动。合理议程设置和导入在自媒体追求个性化和"情感触动"的状态下事关传播的成败。"议程设置是网络传媒对社会认知、价值态度和行为进行引导的重要手段——传媒通过有选择地报道新闻把社会注意力和社会关心引导到特定的方向,其作用是潜移默化的而且是强大的。"[②]

在新媒体时代,信息生产角色发生改变,由内容生产者主导转变为搬运者为主导,非专业信息生产者进场;关系传播的重构与改变,由人际传播、群体传播、大众传播同时发生,社交关系链接阅读关系,信息流附着于社交关系;媒体生态改变,透明化和扁平化,传统信息生产者和传播者只生产发布他们认为有价值的内容,而网络媒体使受众拥有选择、评论、纠正错误信息的权利,社交媒体在重大突发事件中的优势凸显,比如发生于 2015 年 6 月的长江沉船事件,信息传递及时立体,文字描述、图片视频等多种方式立体传递信息,绝大多数的人通过社交媒体分享看到新闻信息,信息的及时透明强化了大众对于政府解决突发事件的信心,促进意识形态公信力的加强。年轻人习惯通过社交媒体获取新闻信息,较少经由新闻网站、电视或报纸等专业媒体渠道。新媒体信息传播的这些特点都说明着合理的议题设置对于推进马克思主义大众化在互联网中的传播与接受有着重要的意义。

2. 社会主义核心价值观传播的话语内容中需包含有深入的学理

---

① 张福平,杨骅骁. 新时期马克思主义大众化传播中的议程设置[J]. 社会科学战线,2009-10:163.

② 张福平,杨骅骁. 新时期马克思主义大众化传播中的议程设置[J]. 社会科学战线.2009-10:163.

支撑

马克思主义话语内容的内在生命力来自于对马克思主义话语的学理支撑的探寻。马克思提出:“如果事物的表现形式和事物的本质会直接合而为一,一切科学都成为多余的了。”①就是说,现象和本质之间是存在着差别和矛盾的,看到了一些现象,不等于认识和把握了本质。马克思主义理论的传播更需要把握学理即其本质以及学理支撑。“科学上的原理和法则”,看其是否具有科学性和规律性,学理支撑也就是科学性证明和规律性认识。“面对马克思主义的实践探索,我们既可以运用已有的理论知识来进行科学性的证明,也可以运用新的实践探索形成新的规律性认识,丰富和创新马克思主义理论。”②用马克思主义的新观点来引领人们解决转型时期社会主义中国各种社会问题和社会矛盾并为他们提供说明,在回应和解决社会实际问题的过程中,寻找和探究马克思主义的规律性认识,实现理论创新基础上的学理支撑。

以人民日报的微信公众号2015年5月25日推送的文章《共识猫论,白猫黑猫,本质都是猫》为例,“猫论”是邓小平同志引用的一句民间谚语,是指在经济改革的特殊时期,“搞理论争论,贻误时机,错过发展机遇。空洞的争论无济于事,真理只有在实践中才能得到检验,应该大胆地实践,大胆地试,先不要下结论,干了再说。猫论成为了中国将社会工作重心转移到经济发展上的一个理论标志,”③为中国经济改革提供了最通俗最有用的指导。本次再提“猫论”,是针对刚刚“召开的中央统战工作会议上习近平同志提出的‘寻找最大公约数’的问

① 马克思,恩格斯. 共产党宣言[M]. 北京:人民出版社,2014:48.

② 尹汉宁. 立足中国实践,创新中国话语[J]. 红旗文稿. 2014(7):4-6.

③ 共识猫论:白猫黑猫,本质都是猫[DB/OL]. 人民日报微信公众号,2015-05-25.

题”。[①] 人民日报微信号文章提炼出更具有本质意义的概念，用通俗的话语探索“寻找最大公约数”的理论渊源和规律性认识。“从寻找社会共识到建设共识社会，我们还需跨出一大步，如何使之成为社会生活的前提，包容更多具体而微的不同看法和多向度思维。这是一个社会和谐的问题，更是一个凝聚人心的问题。”[②]文中也探讨了最大公约数提升的问题，指出“增强共识度，说到底是要增强民主的力量，形成重叠共识，找到最大公约数，增强社会的黏性。”[③]

3. 马克思主义大众化的话语内容需要包含有大众关注的民生问题和百姓故事

民生问题是百姓关注的焦点所在，民生问题的有效解决成为意识形态公信力形成的物质性条件。在另外的意义上，马克思主义大众化的话语内容不单是官方解读的版本，百姓也希望自己生活的鲜活故事能成为马克思主义大众化的话语内容从而激励百姓的主人翁意识，同时，这种“在场感”和“感同身受”也促进百姓在故事中的反省和成长。马克思主义大众化对民众产生打动人心的影响来自于生活常态中故事的表述，有质感的生活故事聚拢成为一种时代精神和一种价值观，成为马克思主义大众化的内容。正如文中所述，传统是理论化大众，而现在应该是大众化理论，当把理论创新的主体还给人民大众，千千万万的理论工作者与人民大众一道投身改革开放的伟大实践中去，把产生于大众时间中零散的看法和观点加以整理提炼，使其系统化、理论化，成为充满生机的活力的理论，用鲜活的中国特色的马克思主义理论指导中国当下实践。

胡锦涛同志在党的十八大报告中提出：“坚持以人为本、执政为

① 共识猫论：白猫黑猫，本质都是猫[DB/OL]. 人民日报微信公众号，2015-05-25.
② 画出最大的同心圆[N]. 人民日报，2015-05-25.
③ 画出最大的同心圆[N]. 人民日报，2015-05-25.

民,始终保持党同人民群众的血肉联系",[①]同时强调,"以人为本、执政为民是检验党一切执政活动的最高标准。"[②]党和国家只有秉持以"以人为本,执政为民"的标准来引领民众和行政,才会有社会主义核心价值观传播的良好社会基础。因此,大众民生问题和突发社会事件的新闻与消息的有效传播意义重大,对于引导社会情绪和解决社会问题有着很重要的意义。以长江沉船事件为例,沉船事件发生引发社会民众广泛关注与关切,沉船事件发生的第一时间,大量媒体都通过网络传播方式传送救援情况,政府对于救援的安排,李克强总理和各方主管官员坐镇湖北监利指挥救援,沉船事件家属的安置与安抚情况,各种社会疑问的即时专业的解答,以及湖北监利民众对于救援工作开展支持都通过新媒体传送到广大民众的视野范围,对于沉船事件的个体的重点推送也意义重大。对于被救的65岁老人朱红美的救援情况的还原,其子曹岑通过手机新闻辨认受救者是其母亲悲喜交加的照片瞬间让人明白亲情与相守的重要意义。对于沉船救援人员的重点报道使得广大社会民众得以了解救援真实过程,潜水员关东在救援过程中脱下自己的潜水装备递给被困的小伙子,幸存者依靠关东的潜水装备获救,而他凭借经验,也成功回到岸边。此举让他在网络上好评如潮。关东的英勇之举呈现给民众的有救援的艰难与坚持,潜水员的专业素养和人道精神,让人们了解到了一个特殊的人群"蛙人",他们在保护人民群众生命财产安全的关键时刻的重要意义。

(二)话语形式方面

话语体系的认同和接受是一个综合性问题,不仅在于话语内容方面,还有话语形式的重要作用。好的话语形式能较好地激起人们的价

① 胡锦涛. 中国共产党第十八次全国代表大会报告[R]. 2012-11-19.

② 胡锦涛. 中国共产党第十八次全国代表大会报告[R]. 2012-11-19.

值共鸣。以毛泽东同志为例，他的演讲和文章的话语形式就具有鲜明的特点，幽默风趣，鲜活生动，极具个人特色，实现了理想的话语效果，这给我们进行马克主义大众化的话语转换提供了有益的参考。在崇尚娱乐和淡化崇高的自媒体时代，自上而下、训导式的、政治色彩浓厚的、重观点轻解读式的意识形态话语形式已经不能适应时代的需求，实效性较差。因为基于媒体和受众关系的传播方式已经转向基于社交关系的传播方式，信息的搜集、筛选和分享主要基于受众的主观选择、个人偏好和信息重组。理想的话语形式配合科学的话语内容才能产生较好的传送效果，也才能达到对马克思主义理论的认识、认同、反复的尝试与践行。

网络传媒时代，马克思主义大众化传播面对的大众个性突出，在文化程度、兴趣爱好、生活状况、价值诉求等各方面都呈现多元性，同时网络生存的特点更强化了这种多样化的存在。不同群体对于主流意识形态的理解角度和认同程度都有所不同，对于主流意识形态寄予的期待也不一样，因此，在新的时期进行马克思主义大众化传播需要明确受众分层特征，有效利用大数据统计的结果认真分析各个阶层、各类人群的思想实际和理论需求，根据不同的传播受众设计不同的话语规则和传播形式，有针对性和实效性地推进马克思主义理论的传播。比如社会主义核心价值观的内容诚信友善的内容对于不同的社会工作者就有着不同的表现和要求，跟不同领域本有的道德要求的结合也存在差异，践行社会主义核心价值观对于领导干部、高校教师、中小学生和企业职工有着不同的具体内容。这种区分在新媒体情境下又尤显突出，青年人群对于图片、视频类的信息接受度高，而中老年人群对于文字类的信息接受度高。低文化人群对娱乐化信息接受程度高，而高文化人群对于知识化信息接受程度高。要求我们善于使用受众定位而实现信息的准确投送，使得不同需求状态下的人群都能找到好的信息渠道。

1. 理论性和感情性的协调

马克思主义大众化的话语平衡首先体现在理论性和感情性的结合。马克思主义理论首先是意识形态,意识形态在传递的过程中需要解决理论支撑和回答理论难点、疑点的问题,但是如何将理论支撑以及理论难点与疑点的解答用感性而深刻的话语表达是实现话语平衡的重要问题所在。

在话语传达中多讲些动之以情、示之以行的话,使传播话语更富有人情味。“感人心者,莫先乎情。”①能够打动人心形成情感共鸣的话语一定是饱含感情的真挚的话语。习近平总书记在号召青年大学生树立良好的人生观和价值观的问题上使用了生动的比喻来讲道理:“青年处在价值观形成和确立的时期,抓好这一时期的价值观养成十分重要。这就像穿衣服扣扣子一样。人生的扣子从一开始就要扣好,要努力把核心价值观的要求变成日常的行为准则,进而形成自觉奉行的信念理念。”②没有说教,只有长者对于后辈的谆谆教诲,无尽寄托。这番话在社交媒体上反复被传送和言说,青年大学生得以反复思量,认同接受并用到自身的成长实践中。

2. 现实感与历史感的平衡

马克思主义理论传播要解决的重要问题在于如何看待历史的问题。马克思主义大众化要处理吸收中华民族优秀文明成果的问题。中华文化源远流长,优秀传统文化是中华民族五千年文明的精华。优秀传统文化在很大程度上具有超越时代局限、反映中华文明永恒价值的特征,是马克思主义大众化的精神沃土与思想源泉。割裂历史延续和完全沿袭历史传统,照搬历史传统文化都是极端选择,而继承优秀

① 白居易. 与元九书[Z]白居易文集. 北京:中华书局,2011:364.

② 来源于习近平同志在 2014 年五四青年节与北大师生座谈时讲话。

历史文明成果，在现实感和历史感之间寻找平衡是可探讨路径。

人民日报社组织编写了《习近平用典》一书，收录了习近平重要讲话和文章中引用的典故135条，并逐条对其背景意义和现实意义进行了解读，是探知习近平话语特征和执政理念的参考读本。这些用典再通过网络媒体进行仔细分析，叙述其典出、解读、历史渊源和时代意义，发人深省。习近平同志这些用典激活了历史典故在现实生活中的生命力，一方面激发了文化自信，另一方面从中国人的文化心理来探讨社会问题的根本解决之道，言简意赅，深刻隽永，在新媒体时代对于浅白和通俗的审美疲劳中，激活了民众对于社会主义核心价值观话语形式现实感与历史感交融的体悟。

3. 严肃性与生活性的协调

马克思主义大众化新媒体传播内容选择很严谨，语言风格选择也非常重要，个性化的话语风格得到推崇。在面对严肃社会问题的深入分析中，话语的严肃性和生活性的结合很重要。以人民日报微博（即@人民日报）为例，所刊载文章多具观点有新意、观察角度很独到的特点，能引发民众理性深度思考，而且在表达方式上又质朴亲切，做到了平等交流。以宁波镇海PX项目引发群体事件为例，微博以《环境敏感期的新考题》为题发文说："中国社会正进入一个特殊的环保敏感期，一方面"发展中"的显示绕不开产业转移，一些工业项目也无法做到零污染；另一方面民众的环保与权利意识在迅速提升。此时，只有当政府成为负责任的透明政府，当公民学会理性表达诉求，公民与政府间才可能建立良性互动。"[①]@人民日报强调口语化，生活化，强调讲有生活质感的故事。通俗而不低俗，通过平易近人的表达，拉近了与读者的距离，对俗语、俚语、流行语和网络用语大胆使用，比如网络

① 环境敏感期的新考题[DB/OL]. 人民日报微博，2012-11-3.

用语“白富美”“躺枪”“累觉不爱”；流行语“穿越”“给力”“习大大”；俗语“打铁还要自身硬”“师傅领进门，修行在个人”等；@人民日报在微博中对这种清新鲜活之风做了说明，提出像人民日报为首的官方媒体对网络流行语和网络热点事件的关注是时事使然，取得了理想的传播效果。

（三）话语载体方面

2015年4月22日，第十二次全国国民阅读调查结果数据显示：“2014年我国大多数网民上网主要是阅读新闻，占比74.8%”，[①]成年国民日均手机阅读时长首次超过半小时，用微信、听音乐、看视频等活动成为我国手机接触者的首选。“对微信使用情况的考察发现，有34.4%的成年国民在2014年进行过微信阅读，在手机阅读接触者中，超过六成的人（66.4%）进行过微信阅读。我国成年网民上网从事的活动中，信息获取功能受到越来越多网民的重视，具体来说，有74.8%的网民将“阅读新闻”作为主要网上活动之一，有43.6%的网民将“查询各类信息”作为主要网上活动之一。”[②]马克思主义大众化的话语载体方面有着如下的特点：

1. 多种话语载体无缝对接与和谐统一

网络时代话语载体的特点一方面表现为传统媒体新媒体化，从人民日报的法人微博，@央视新闻，到人民日报的微信订阅号，这些都是大众权威信息的最核心来源。核心信息来源通过社交媒体的传播，形成了当前信息传播的一种主要模式。自媒体在新闻信息率先披露方面有着独特的优势，但是很容易带有当事人对事件的认知特点和喜好，因此，对于事件真相的探寻和理性思考仍然有赖传统媒体。在新

---

① 第十二次全国国民阅读调查结果[R]. 中国新闻出版研究院，2015-4-22.

② 第十二次全国国民阅读调查结果[R]. 中国新闻出版研究院，2015-4-22.

媒体时代,信息流速增长,信息垃圾囤积增多,公众面对海量的、真伪难辨的信息的时候,更需要对信息的深度阐释。有着传统媒体背景的新媒体具有理性分辨梳理信息、主动设置议题的能力。

网络传媒逐渐产生了多种形式的传播,文字、图片、视频、3D 动画等多种形式,在消息传播的哪个阶段使用何种方式报道都形成了一定的规则。一般在编辑发布的时候首发的是微博等平台的短小信息,进而是网站等发布的较为完整的信息,而对于事件深度挖掘和系列报道的工作则有赖于纸媒和官方媒体的结合。以 2015 年 6 月发生的长江沉船事件的消息发布中有一段 3D 动画还原某一个进入沉船救人的过程,使人身临其境地感受到救援行为实施的不易,救援人员的英勇行为,其实是立体地感受到了一个有质感的生命故事,这对于受众的教育意义非常重大。

网络传媒时代信息海量化、碎片化、杂冗化。信息碎片化重要表现为使用人不停地切换频道,一会儿看微信,一会儿看微博,很难集中精力再看一篇两千字的博客。带来的影响也是非常有冲击力的,如何在价值密度很低的信息海洋中帮助受众发现有利信息。多维立体的新媒体传播模式有可能帮助受众做到这一点,使得碎片化阅读状态下的人们能够尽可能多地抓住有意义的话语热点,促进深入的思考和行为上的改变。比如,2015 年 5 月 30 日,广西玉林消防员杨科璋为救人而牺牲,在坠楼过程中全力保护受救女童,这一英勇故事被各大媒体争相报道,新闻联播,广西日报,光明日报等报刊媒体争相报道,缅怀英雄。5 月 31 日,杨科璋母校桂林电子科技大学也在官网发布"我校毕业生消防警官杨科璋为救群众壮烈牺牲",在桂林电子科技大学贴吧、网络空间、全校教师和学生的朋友圈内,很多人都在悼念、缅怀英雄的英勇之举。社交媒体的消息传播力非常重要,与杨科璋生活和学习有过交集的人群受到特殊的洗礼,而更多的人们是被他的精神所感动。该事件体现的是新媒体立体报道的能量所在，多维立体的传播模式为社会主义核心价值观的传播提供了最大可能的话语媒体。

2. 受众分层和信息准确推送

大数据时代用户导向渠道设计的出现导致精准推送的可能。不同人群对于马克思主义内容的接受角度、接受方式、表达手段都有可能不同，甚至每一个受众对于理论的情感共鸣点都可能不同，每个人的内心深处都会有着对马克思主义理论某一部分内容的理解与感悟。如果能通过网络媒体的媒介针对马克思主义理论实现准确推送，以大学生社会主义核心价值观传播为例，传播媒介中最为重要的有中国大学生在线、中国青年网、未来网、“易班”网、校园和各级共青团组织公共微博、微信等平台建设，通过这些媒介向师生定期推送电子报刊、校园信息，宣传意识形态理论，报道典型人物和普遍性事件。

（四）话语目标方面

马克思主义大众化的话语目标就是逐步超越话语自发，促进马克思主义大众化传播受众的话语自觉。网络时代马克思主义理论传播的实效性凸显在于大众的成长：大众在对马克思主义理论的科学认识和学习的基础上对于自身话语权力的理性认知和合理使用，充分理解马克思主义的价值观和方法论，通过新媒体媒介表达个人或者集体意愿，参与社会事务。本文所述马克思主义大众化在现阶段需要理论化大众，使得大众成长为马克思主义理论的主要创建者，网络时代提供了这种平台，网络形成了网民参与社会事务和舆论表达的媒介，而且其成效正在逐步凸显。网络空间形成的网民舆论监督等功能有效地促进了社会事务的处理，大众的声音逐渐成为影响意识形态构建的重要元素，大众能掌握的、关注的话题和理论通过网络传播变成了马克思主义大众化的主流。

信息社会人人都是信息的发布者和传播者,这种便利使得网民获得极大的话语自由,但是这种话语自由还处在话语自发的阶段而未进入话语自觉,对于网络大V的盲目追随和对网络谣言的无识别力都体现了这一点,大量受众都是“沉默的陀螺”,自身只是话语的接受者。网络世界对于感官刺激的追寻和网络信息流传趋于低俗化都体现了网络社会初期秩序尚未有效建立的特点。网络时代民众针对意识形态的话语表达还处在自发的阶段,自发与自觉是表达人们精神和行为状态的两个方面,“自发实际上是尚未达到自觉程度的一种盲目的精神和行为状态,自觉是一种有目的、有意识地运用客观规律性认识改造社会、改造世界的超越自发的精神和行为状态。”[①]社会民众尤其是网民大众借助于新媒体表达参与社会事务的话语权力和形成科学的话语意识是个长期性的过程,当前网民大众对意识形态建设参与的原生性热情得到了较好的提升,如何促使这种话语热情从自发的状态转变为自觉状态,形成大众较为稳定的表达意愿与参与社会事务的意识和能力是未来马克思主义大众化的重要工作。

① 骆郁廷.自发与自觉:思想政治教育的重要范畴[J].思想政治教育,2007,(5).

第九章

网络热点聚焦与引导对马克思主义大众化的方法学启示

全媒体时代,舆论热点的聚焦越来越难以从源头上把握,主流意识形态话语权的控制力逐渐被削弱,它也使得传播者与受众的界线越来越模糊,越来越不存在严格意义上的受众。面对这种颠覆性的舆论局面,马克思主义大众化要创新传播方法,就必须从网络热点聚焦与引导等现代新媒体传播特质和方法中寻找方法学启示,才能使马克思主义在信息时代发挥应有作用。

一、马克思主义大众化必须重视多元化网络舆论环境下受众特征的对象性要求

多元网络环境网民对于某个事件的互议共论造就了舆论的多元化,当我们试图设置议程,进行舆论引导时,存在于我们预先设定范围内的引导对象已不存在严格意义上的传统受众,对新媒体条件下受众的特质的把握是马克思主义在新时代大众化的前提条件。

(一)马克思主义大众化必须凸显受众的主体性

自媒体时代的发展,赋予了网民(受众)名副其实的舆论主体身

份。在此之前，虽然网民相对比传统媒体时代已经初步具有话语权，但媒体资源的稀缺性决定了多数人受平台所限，只有少数人可以利用媒体平台，真正发声，表达自己的权利与诉求。媒体融合重建，个体崛起并成为主体，这是受众群体在基本权利层面上最大的改变。马克思主义大众化要适应网络时代的新要求就必须凸显受众的主体地位，观照其主体性，以受众主体性的实现和发挥作为马克思主义大众化的前提条件。

（二）马克思主义大众化必须体现传播的草根性

舆论发声不再受媒体资源平台所限，处于社会各个社会阶层的网民，不论在现实生活中贫富悬殊如何，身份地位如何，语言能力如何，都可以根据自己的意愿，自始至终在舆论的发生、发酵、回落、消解这四个阶段，像线下的游行活动般聚集，并自由进行意见表达。应该说，脱离媒体资源稀缺性限制的网民（受众）才拥有了真正意义上的草根性。当然，众生喧哗，莫衷一是，舆论势态再也无法轻易操控。因此，基于群众性的、大众喜闻乐见的草根传播方式比传统官方的、正式的传播更接地气，更有传播效力。

（三）马克思主义大众化必须重视传播的碎片性

当自媒体人（网民）获悉某个事件，出于某种考虑，会将其公诸于众，希望尽可能多的网民知晓。敲几下键盘，按几下手机，事件就被发布，其他网民则会针对此事件有感而发，但大多是任性发挥，点到为止，甚至仅仅为看到信息，到此一游做个标记，毫无价值可言。《2015新媒体发展报告》也显示，超过半数网民在移动端阅读长文章的频率为“每月偶尔”甚至“基本不阅读”，每天都会阅读的网民占比不足20%。字数少、篇幅短的段子类消息“升温”受追捧，价值内容的碎片化是受众群体碎片性的重要表现。马克思主义大众化传播就必须打破传统长篇大论的言说方式,以“少而精”的模块化、碎片化传播来满足受众的需要。

(四)马克思主义大众化必须关注泛责任性

也就是责任的缺乏或是分散化。无论是发布人还是转发人、评论人、点赞人,大部分都缺乏或出于某些利益主观屏蔽对事件真实性、可靠性的甄别和溯源。网络信息根据其言语表达的倾向性自动划分为不同的阵营,每个阵营都有其各自不同的诉求与利益表达,但往往每个人都认为其他人有责任承担核实义务,即人多不负责、责任不落实。责任分散效应(Diffusion of Responsibility)的扩大化导致每个人都以旁观者自居,这是“自媒体化”的发声与传统媒体报道之间很大的区别,网络谣言的产生和泛滥与此不无关系。马克思主义大众化传播必须关注泛责任性的传播要求,在人多不负责、责任不落实的事实境遇下创新传播要求和方式,在泛责任传播中实现其大众化。

(五)马克思主义大众化必须加强对“酱油族”与“网络水军”的正确引导

“酱油族”与“网络水军”为网民群体中较大规模的两类特殊群体。以“酱油族”为例,“打酱油”作为 2008 年的十大网络流行语之一,在多年后的今天依旧保持着足够高比例的认同网民群体。在网络热搜消息下,随手点击评论列表,我们很容易看到大量类似“路过”、“点个赞,按个爪,让你知道我来过”甚至是与信息事件本身毫无关系的评论,除去部分网商广告外,余下大部分都是“酱油族”活跃在各方的酱油评。“网络水军”则更加特殊,他们受雇于网络公关公司,为快速形成“集束效应”而注水发帖,并以此获取报酬。帖文的目的明确,且有固定倾向。成千上万的网民在扮演“网络水军”角色时，只以公关公司的意志为转移。这两大群体因其特殊性和在网络生活中的举足轻重的作用，马克思主义大众化当然不能把他们排除在研究之外，充分利用其“集束效应”等作用为马克思主义大众化服务。

二、马克思主义大众化必须重视网络舆论对其传播的导向性和反制性作用

（一）发挥网络舆论在马克思主义大众化过程中的导向性作用

在网络信息时代马克思主义实现大众化的重要途径是通过网络舆论来实现，“网络舆论的形成速度之快，波及范围之广，传播渠道之多样，使得网络舆论成为了一致性与非一致性，理性与非理性及“话语权缺失”和“话语权平等”并存的场域。”①网络舆论以其鲜明的导向作用，不断完善其传播过程，以受众的广泛参与实现其大众化的目标。

1. 它以扩展马克思主义理论学习和实践的形式，不断提高人们的认知能力。网络舆论以其独特的形式可以聚焦马克思主义理论学习的场域，烘托马克思主义理论学习的氛围，为马克思主义大众化开辟了多元化途径。“政治宣传工作者可以通过博客、BBS、即时通信工具、虚拟社区、思想政治教育网站等渠道形成马克思主义理论学习的舆论氛围，从而使公众融入理论学习的氛围达到学习的目的。”②如在网络舆论的引导过程中，政宣工作者可以以网民对突发事件的关注为

---

① 彭琳，邓国峰，李巧玲．网络舆论对马克思主义大众化双向性问题研究[J]．社科纵横，2010.2：3－4.

② 彭琳，邓国峰，李巧玲．网络舆论对马克思主义大众化双向性问题研究[J]．社科纵横，2010.2：3－4.

契机,引导受众用马克思主义的基本立场、观点和方法来看待问题,分析事件,引导纠正网民偏颇甚至是错误的观点,形成正确的网络舆论导向,更好地为实践和社会服务,同时通过正能量的引导不断提高大众看待事物、分析事物的能力。

2. 它以传播平台的方式丰富了马克思主义大众化的传播形式。马克思主义大众化传统的的实践形式常以约束性的形式开展,在传播过程中出现泛政治化的明显倾向。网络舆论以隐性传播和显性传播形式搭建了传播的平台。“网络舆论的显性传播形式包括专家的访谈、政治工作者的在线答疑、视频传播等。而网络舆论的隐性传播形式包括网络意见领袖在 BBS 中的疏导、个性化博客、网站的议程设置等。如政治宣传工作者通过设置议程,将发生在公众现实生活中的热点事件、公众感兴趣的事件引入到网络舆论的内容中,引导公众用马克思主义基本原理中的方法如矛盾分析法、联系观、发展观等分析问题,从而在潜移默化中使马克思主义实现大众化。”①

3. 它以引导发挥大众主体性的方式使大众主动学习马克思主义理论。网络舆论引导是一个自我耦合的过程。网络以其开放性、隐匿性的特点造就了网络舆论自觉形成的特性。“麦尔柏斯与奇尔从政治参与的角度划分政治传播的受众可分为积极者、中介者、旁观者和无动于衷者四种。”网络舆论由于自身的隐匿性、自由性、平等性等特征,最大限度地将无动于衷者、旁观者、中介者成功地转化为积极者,从而自觉地参与到马克思主义理论相关问题的的探讨中。大众在相对宽松的网络舆论氛围中,自由地表达观点、自主地选择舆论信息,成为践行马克思主义理论观点的主体。

---

① 彭琳,邓国峰,李巧玲. 网络舆论对马克思主义大众化双向性问题研究[J]. 社科纵横,2010. 2:3 - 4.

（二）重视网络舆论在马克思主义大众化过程中的反制作用

网络舆论是一把双刃剑，在马克思主义大众化的过程中重视网络舆论，对马克思主义大众化的反制作用，消除其负面影响，是网络舆论引导要关注的着眼点。

1. 重视网络舆论负面影响以隐性传播的方式对马克思主义大众化的消解作用。网络舆论以突发事件为契机形成后，就以受众之间双向互动的形式传播出去，在网络空间和社会生活中造成极大的影响力。“网络舆论隐性传播形式有网络意见领袖在 BBS 中的疏导、个性化博客、网站的议程设置，聊天工具、虚拟社区等。从隐性传播形式，我们发现人的因素占据了重要的比例。”①“网络的开放性、自由性给了不法分子和反马克思主义分子极大的犯罪空间。一些不法分子，为达到自己不可告人的目的或追求非法利益而利用网站、视频、虚拟游戏、聊天等隐性传播形式来传播低俗文化，导致文化的倒退，公众审美素质和人文素质的下降，从而导致马克思主义大众化停滞不前。”②由于网络舆论隐性传播中传播者的意图不明，这就给历史虚无主义等反马克思主义的思潮提供了可乘之机，敌对势力利用网络舆论隐性传播的隐蔽性特点，包装成草根化的的形式，诱导错误的甚至是反马克思主义的舆论导向。这种隐性传播，对社会生活带来了极大的破坏力，对马克思主义大众的实施制造了困难和障碍。

2. 重视网络舆论造成大众在马克思主义大众化过程中主体地位的丧失。网络舆论造就了一大悖论：即话语权缺失和话语权平等在舆

① 彭琳，邓国峰，李巧玲．网络舆论对马克思主义大众化双向性问题研究［J］．社科纵横，2010.2：3－4.

② 彭琳，邓国峰，李巧玲．网络舆论对马克思主义大众化双向性问题研究［J］．社科纵横，2010.2：3－4.

论场中并存。由此出现了,“沉默的螺旋”的舆论现象。“由于公众来自不同阶层、不同职业、不同教育背景等,致使公众在接受马克思主义理论和实践马克思主义理论的能力方面的显著性差异。这种显著性差异导致了,一部分公众在网络舆论过程中扮演着‘意见领袖’,另一部分公众在网络舆论过程中成为‘追随者’,他们更多的是对‘意见领袖’的观点和意见的附和。‘从众心理’也是形成这种现状的原因之一。”①这就要求马克思主义大众化过程中大众具有自主正确选择的能力,选择正能量“意见领袖”的观点,同时要求大众自身在实践活动中善于运用马克思主义的基本理论对网络舆论热点进行合理评价、对舆论信息进行理性选择,不使其自身主体性在网络舆论中迷失,网络舆论的双向性研究为马克思主义大众化提供了借鉴依据。发挥其正面导向性,抑制其负面反制性,促使马克思主义在其大众化的过程中形成良性发展的局面。

三、马克思主义大众化必须重视网络舆论中议程设置的软控制作用

美国作家沃尔特·李普曼(Walter Lippmann)于1922年出版的《公共舆论》(《Public Opinon》)一书被认为是传播学领域的奠基之作,开创了议程设置的早期思想。1972年,议程设置(The Agenda - Setting)理论由美国传播学者麦克斯威尔·麦克姆斯(Maxwell McCombs)和唐纳德·肖(Donald Shaw)提出。该理论认为,大众传播可能无法影响人们怎么想,却能够通过提供信息并安排相关议题来有效地左右人们对意见的关注及谈论的先后顺序,也就是影响人们想什么。

马克思主义大众化包括理论大众化、实践大众化和创新大众化三

① 彭琳,邓国峰,李巧玲. 网络舆论对马克思主义大众化双向性问题研究[J]. 社科纵横,2010.2:3 - 4.

个方面,其传播是“立体化”宣传马克思主义。用通俗化的表述、简单化的词句、平民化的语言来传播马克思主义,从人民大众的生活实践出发解决大众最现实的问题,使马克思主义占领各种思想舆论阵地。贴近群众,才能保持大众化的因子,才能将学院化、学究气的书本理论转化为唤醒大众的强有力武器。全媒体时代的大众参与决定了其价值取向的多元复杂性与传统媒体环境下意识形态的一元化思想指导不相符合,而议程设置有效地影响受众对事件的意见和关注点,使得主流意识形态由被少数人把握到被人民大众接受,进而自觉践行并丰富完善,有效解决了马克思主义大众化过程中单一的主流声音在传播过程中衰减、弱化的问题。

(一)重视马克思主义大众化传播中议题提出与传播的有效性

舆论总是围绕某个议题展开,“议程设置”是对舆论进行软控制的重要方式。在全媒体时代背景下,每个人都可以引发舆论,源头呈多点化趋势。与传统媒体时代的主流媒体占据制高点不同,网民也成了议题的设置者。舆论的形成过程需要两个关键要素:一是有关消息的披露,二是众人针对此消息引发争议。这个过程通常需要借助非理性的情绪、态度、期盼等力量,并依赖社会现实问题与社会心理变动的共鸣,这也是为何与五类人员(指官员、城管、专家、医生、警察五大群体,出自 2015 年 6 月 2 日人民网舆情监测室发布《网络低俗语言调查报告》)相关的社会问题极易聚焦成为热点的原因。所以,善于把握和科学利用非理性因素寻找马克思主义大众化的共鸣点,提出并引爆议题尤为重要。

舆论就是民意,非理性也是一种意识状态和认知方式,与理性是相辅相成的。它有一定的破坏力,但也可能反向促进理性的思考,创新理性思维,使其更具活力。传播过程中,网民(受众)的非理性力量得以释放，意见得以表达，形成热点聚焦语境。这在某种意义上讲，比将具有极端性和杀伤力的意见始终憋闷于心，更利于我们有针对性设置议题，并有效开展舆论引导工作。因此，马克思主义大众化传播中合理议题在网络舆论中实现有效传播是关注的重要环节。

（二）充分团结发挥“支持型意见领袖”在网络舆论中的凝聚作用

在数字信息技术日益张扬的时代，人仍然是网络舆论形成和发展变化的第一要素。“支持型意见领袖”以其相对远见的认识、全面合理的分析以及较强的人格魅力在网络舆论场中起着明显的凝聚共识，引导舆论导向的作用。团结支持型意见领袖发挥其在马克思主义大众化过程中正确的舆论聚焦和导向作用意义重大。2015 年 5 月 20 日，在中央统战工作会议上，习近平总书记提到三类人将成重点团结对象，即“留学人员”“新媒体中的代表性人士”和“非公有制经济人士特别是年轻一代”。针对新媒体传播“正反两面、泥沙俱下”的特点，习近平在讲话中对如何重点团结“新媒体中的代表性人士”作出要求，“要加强和改善对新媒体中的代表性人士的工作，建立经常性联系渠道，加强线上互动、线下沟通”，并希望他们“在净化网络空间、弘扬主旋律等方面展现正能量”。“新媒体中的代表性人士”对于媒体融合发展有重要影响，团结这部分人符合统一战线“团结一切可以团结的力量”的宗旨，也属于长远的基础战略性工作。

现今，在国内，传统媒体过去所担当的舆论阵地作用也已经逐渐被微传播形态所代替，扩展了网民的言论自由空间，大面积蔓延式地覆盖整个互联网传播通道，不仅使自身得到快速发展，甚至对传统媒体的宣传报道、议程设置和舆论引导进行及时快速的解构，并且在一定程度上担当着倒逼真相的舆论监督作用。当前网络舆论传播中如何将负面危机转化为对马克思主义大众化有利的正面导向就迫在眉睫。马克思主义大众化需要全媒体时代为其提供先进的传播渠道等来促进自身发展，从而更好地践行马克思主义大众化。马克思主义大众化的传播正可以借此机会打造实现载体创新，发展自己的自媒体宣传阵地，以此丰富信息资源，拓宽交流渠道，扩大受众范围，让马克思主义理论和方法扎根民众，深入民心。这在很大程度上增加了马克思主义大众化的难度。因此，马克思主义大众化必须与时俱进，在日新月异的全媒体环境下，充分培养意见领袖自身马克思主义理论素养，团结、发挥“支持型意见领袖”在网络舆论中的凝聚作用，促进马克思主义大众化有效实现。

第十章

应用网络新媒体进行马克思主义大众化的实践探索

——以桂林电子科技大学“魅力机电”微信公众号为例

一、利用网络新媒体进行马克思主义大众化的需求及应用

(一)微信等新媒体时代的到来扩展了社会主义核心价值观传播的途径

单向、具有很明显的灌输式是传统社会主义核心价值观传播的特点,它把社会主义核心价值观的内容一厢情愿地硬塞给受众,受众没有选择权,只能被动地接受。传统的单向灌输式传播模式,局限性越来越明显。随着网络传媒时代的到来,尤其是微信公众平台的出现和普及,微信已慢慢变成高校大学生相互交流、沟通、学习和情感表达的新媒介。“微信公众平台 24 小时发布一条消息,从快速性和便捷性的角度看,比不上可以随时发送信息的微博,而且对突发性、即时性信息传播的能力较差,但相较于传统的校报、院报等校园纸媒,这一发布速率足以满足一般的校园信息传播。”[①]面对当今网络信息化的局势,若

① 刘继祥、刘华欣、张平. 微信平台对传播及建构大学生社会主义核心价值观的功能分析. 北京邮电大学学报(社会科学版),2015. 02.

要进一步加强高校大学生社会主义核心价值观的深入教育必须树立网络教育(例如:微信公众平台)为先导的理念,这无疑很大程度上扩展了社会主义核心价值观的传播途径,从根本上解决了社会主义核心价值观在传播和推广的过程中过于简单的弊端。

(二)微信公众号优化了社会主义核心价值观传播的话语结构

大学生年轻、有活力,他们更喜欢生动、形象、更通俗,甚至具有一定趣味性的语言体,因此,在高校中快速有效地传播和推广社会主义核心价值观,就要不断优化传播的话语体系,使传播话语更贴近学生,对于提高传播效果就显得尤为重要。

微信平台具有灵活性、自主化的特点,可以充分尊重受众的个性化趋势,使传播形式更加亲切、生动。微信平台不仅可以推送生硬的文字,还可以借助图片、视频、表情以及特殊的文字处理效果,为文字增添活力。此外,通过专业小编团队的编辑、整理,运用网络体等学生喜爱的语言方式进行传播,采用更加贴切高校大学生喜欢的话语进行传播,做到严肃性和生活化的交互,被动灌输与主动学习同在的话语形式,从而真正发挥微信平台的活力,为传播效果增辉。

(三)具体需求情况

微信平台没有出现之前,关于高校大学生加强社会主义核心价值观的学习和教育更多地是通过课程形式或讲座、报告等枯燥的形式。微信的出现为社会主义核心价值观的传播和推广插上了助力的翅膀,使学生学习和接受教育的方式变得更加灵活多样,它使大学生可以不受时间和地域的限制,随时随地都可以在微信平台上接受学习教育。

目前,在很多的高校中,社会主义核心价值观的传播都或多或少地存在着各种各样的问题,其中,最突出的问题是传播和推广的形式不能被大学生主动地接纳和肯定,微信平台的出现无疑是解决这一问题的一剂良药,通过微信公众平台发布消息,可以使枯燥的文字变得有意思起来,还可以插入各种图片、表情、视频等,大大改观大学生认为的枯燥无味的学习方式,这样就充分调动了大学生主动学习的积极性,使他们愿意积极参与进来,从而变被动接受为主动学习。通过大数据统计分析,微信的主流用户是大学生,大学生用微信的人群占到了微信用户的相当一部分比例,所以,在高校里传播社会主义核心价值观,要贴近学生,主动向学生靠拢,把传播工作深入到学生中去。

由此可见,在高校中,微信公众平台已经成为社会主义核心价值观传播的重要阵地和渠道。

本课题以桂林电子科技大学"魅力机电"微信号作为社会主义核心价值观传播和推广的主要新媒体载体,在传播体系的建设、线上线下主题活动的组织开展等方面进行了实践性的探索和研究,从一定程度上扩展了高校传播社会主义核心价值观途径不够丰富、传播花样少、效果不佳的状况,为全区高校乃至国内高校社会主义核心价值观的传播扩展了新思路,提供了研究的新方向、新办法。

(四)区内外微信平台的应用情况

"2012 年 11 月 9 日,上海交通大学官方微信推送了首条消息,距今已经三年。截至 2015 年 4 月,上海已有 14 所公办普通高校开设了官方微信。通过社会学者调研显示:社会主义核心价值观的传播,网络媒介优于平面媒介,平面媒介优于广电媒介。其中,网络媒介中微信(55.3%)超过网站(49.7%)居于首位,大学生首选微信为社会主义核心价值观的培育媒介,这一数据让区内外使用微信公众平台进行社会主义核心价值观的传播的高校逐渐增多。”①

高校官方微信能够巧妙地将社会主义核心价值观融入图文信息中，并精准地推送给大学生，传播效果较好。通过微信热门的文章推送，可感知到微信公众平台带来的独特的效果。“如复旦大学的‘校训专题报道’、北京大学的《陈正勋——大度兼容，万物兼济》等文章，短短一周内点击量都超过万人次，取得了较好的与人效果。”②

在广西壮族自治区内，将桂林电子科技大学作为研究对象，该校共有“微风服务”1 个服务号、校学生会等 50 个订阅号，主要推广的内容包括学生活动展示、党建学习教育、团员风采展示、师生互动、资讯分享等，这 50 余个微信平台共同组成了桂电微信联盟，这一强大的联盟成为了该校社会主义核心价值观传播的重要载体和阵地。每周对 50 个公众号进行影响力的排名，各公众号之间相互学习、相互比拼，形成了良性发展的局面。桂电只是广西壮族自治区内 76 所高校的其中之一，通过调查了解，区内的绝大多数高校都申请并开通了自己的微信公众平台。

通过高校微信公众平台培育社会主义核心价值观，对富强、民主、文明、和谐、自由、平等、公正、法治、爱国、敬业、诚信、友善等 24 个字的内涵进行解读和阐释，这种特别的陪伴式的教育方式，比较被大学生认可和接受。因此，通过微信平台传播和推广社会主义核心价值观的方式，也越来越多地被高校所采用。

---

① 宋欣阳．大学生社会主义核心价值观的“微信陪伴”策略研究——基于上海 13 所高校官方微信的调研．思想理论教育，2015. 07.

② 宋欣阳．大学生社会主义核心价值观的“微信陪伴”策略研究——基于上海 13 所高校官方微信的调研．思想理论教育，2015. 07.

二、构建基于微信新媒体平台的大学生社会主义核心价值观传播体系

将桂林电子科技大学“魅力机电”微信公众号作为课题研究实例，从微信小编团队的组建、线下线上主题活动的组织实施开展、榜样主题微信推送等方面进行实际研究和探索，摸索出了一套科学化的，通过微信公众平台传播社会主义核心价值观的操作体系。

（一）组建微信小编服务队伍

为了扩大“魅力机电”微信公众平台影响力，使平台得以更好的推广和发展，平台规模有所扩大，悉心组建了包括3名指导老师、20名学生骨干等在内的“小海螺”微信服务队伍，并打造了专属的微信号卡通形象“美丽”，“美丽”颜色基调为蓝色，基本形状为拟人的海螺形象与小编团队名称“小海螺”遥相呼应，身着印有“J&D”字样的服装，“J&D”译为本学院名称：机电工程学院。“美丽”一经推出便取得了巨大反响，在大学生群体中赢得了广泛关注，深受大家的喜爱，将公众号平台的吸引力进一步提升。在魅力机电成立初期，小海螺小编团队面临着很多机遇和挑战，例如小编团队人员的招募，以及对成员进行相关媒体素质与能力的培养，都是十分棘手的问题。因此，指导老师邀请了广西共青团“团桂子”小编团队成员来校开展讲座进行面对面的手把手的近距离交流活动。在“团桂子”小编团队的帮助下，“小海螺”小编团队结合每一位小编的个人特点立足于学院文化，在展望未来新媒体发展的前景下，设立了活动策划、技术服务、宣传推广、文稿编辑整理等部门。在一年多的实践过程中，各部门紧密合作、相互帮助，成为该校社会主义核心价值观宣传和推广的主要技术力量。

（二）优化栏目设计，构建科学化的微信公众平台栏目

经过官方认证的微信公众号就会具备主观设计自定义菜单的权限，桂林电子科技大学“魅力机电”微信公众号就是该校经过官方认证的微信公众平台之一。

经过微信官方认证，获得了设置自定义菜单的权限后，响应社会主义核心价值观宣传号召，对平台进行优化设置的同时、对相应党建团建内容进行宣传。合理规划栏目列表，如党建团建栏目中，设定为“党”“团”“校园”“新生专栏”四个板块，每个板块设定对应相应内容，四个板块的合理设置，能有效地促进党建团建知识、社会主义核心价值观的宣传。如“光辉历程——建党 94 周年”，“两学一做”学习教育等。

“校园”以及“新生专栏”主要是校内新闻以及机电工程学院资讯等相关内容为主，这其中包括小编团队及时地从桂林电子科技大学官网提取校内新闻；提起新闻大家的评价也许只有乏味，呆板，但是小编团队将新闻“肉感化”“艺术化”。例如：在推送介绍学院的微信时，将机电 LOGO 齿轮拟人化，运用第一人称的表达方式巧妙地将齿轮“生机化”。“来自小齿轮的自述 · 俺的名字叫机电”一文推出后广泛受到师生的好评。

本平台科学并且富有趣味性地设置大学生社会主义教育微信栏目，增加内容可读性，迅速有效地扩大了大家对原本“乏味无趣”的社会主义核心价值观等内容的关注度，同学们纷纷转发、点赞相关内容。例如在设计社会主义核心价值观教育的栏目中又增加了若干子菜单栏：分别涉及魅力人物、魅力团队、魅力文化。

在初期平台借助“清明节”这一传统节日契机，开展了学院涉及 12 级、13 级、14 级的大型团日活动“清明祭英烈、共筑中华魂”的线上

祭英烈活动。具体为:从安全出行,文明祭祀,烈士抄诗,缅怀亲人等角度出发,开展社会主义价值观的推广;巧妙地利用"微信墙功能"小编团队制作:"缅怀墙"在微信各抒己见,相互交流,打破了时间和空间交流的限制。此次团日活动一共持续了三天,每一条微信的点赞量达到五百以上,阅读量达到上千,特别是"缅怀墙"的设置,从正面证明了思想政治教育必须建立民主平等,和谐互动的新型关系,运用新媒体的力量,从新时代的角度出发,创造出一个紧密联系的桥梁,增进二者间的距离,促进社会主义核心价值观的宣传及教育,通过新媒体掌握学生思想动态的"心电图",建立无距离感的思想沟通"贴心桥"。

魅力人物专栏是基于学院的一院一品活动"魅力之星,魅力团队"而建立的。传统活动依托新媒体形式进一步扩大了其影响力,在传承文化的同时又在宣传方面进行创新,使其锦上添花。此栏目中对学院优秀学子、优秀教师等人物进行专访。学院依托"魅力机电"开展校级的"微征集|寻找你们心中的最美桂电人"活动,后期陆续推出了"扣好人生第一粒扣子·机电师生为社会主义核心价值观代言"涉及学院副院长、校青年教职工团委书记、各个专业的教师、学生会主席、各个社团负责人。人物的选取,图文,音频,视频的运用,使得活动受到大家的喜爱,阅读量和转发量累计三千余次。这对广大师生来说是一次难能可贵的社会主义核心价值观的思想引导。

此外,还通过公益自愿服务活动、社会实践活动、资助政策活动,引导大家践行社会主义核心价值观。例如:学院晨曦志愿者协会多次开展"微公益课堂",在 2014 年 3 月 22 日,学院晨曦志愿者协会邀请公益大咖西部计划志愿者,炭火公益负责人黄加荣开展机电工程学院首期"微公益课堂"活动现场座无虚席,广大师生与黄加荣共同探讨机电工程学院未来的公益之路。在此次活动之后有更多的学生积极投身公益服务,参与社会实践。晨曦志愿者协会联合众多公益人不仅在校园内开展了许多公益计划例如为17教换新装,全面大扫除活动,还对学校周边的一所师资力量贫瘠的力水小学提供帮助。

在新媒体环境下,大学生的价值观取向呈现多元化的现象,新媒体的开放性和一定程度的匿名性的存在,与之相伴的是信息的鱼目混珠,有积极的信息,也有消极的思想。基于新媒体大网络宣传环境背景下微信公众平台栏目设置也是有的放矢,一方面党建团建一栏由"党"、"团"、"校园"、"新生专栏"四个板块构成,即通过新媒体网络从新生、从身边开始着手,引导大学生学会思考、学会实践和分析问题并解决问题:弘扬党、团优秀的思想文化,展开社会主义核心价值观教育、宣传社会主义核心价值观,通过图片、文字、影音等多元化的方式,使得社会主义核心价值观教育内容更丰富、生动,也更容易得到大学生的喜爱和认可,从而使得社会主义核心价值观教育事半功倍。"经过实践探索,该微信公众平台推出的多个社会主义核心价值观的内容受到了大学生的喜爱,'魅力机电'先后多次入选《南方周末》中国高校微信榜50强,并多次入选桂林电子科技大学微信排行榜前两名,多条微信阅读量破万。"①

(三)名人、榜样、专家等微信的推送

新媒体时代,要使社会主义核心价值观为更多的人所接受,就必须将理论进一步转化,每一代人,都有每一代人的思考方式,但终究有共同话题,通过转化,结合其特点及"共同话题",才能够使社会主义核心价值观更让人产生共鸣,从而进一步提高传播效果。"魅力机电"微信公众平台就是通过"邀请全国优秀共青团干部、杰出校友、学校及学院领导、教学名师等名家撰写社会主义核心价值观微博文,通过这些

---

① 王辉. 基于微信平台的高校社会主义核心价值观传播实务探索——以桂林电子科技大学"魅力机电"微信公众号为例. 科技视界,2016.05.

专家、学者、大师的解读”①,使大学生们更加深入地理解社会主义核心价值观的内涵。

例如:推送“流光‘倩’影—11 级李小倩”微信。“珍惜那些可以为梦想奋斗的日子”—李小倩。李小倩,跨专业考研顺利考入国防科技大学。她在校期间获得过各类奖学金,积极投身于各项学生工作,在其担任舞蹈队长期间,我院两次喜获校级舞蹈大赛一等奖。“保持危机感,尽力做好每一件事”是她的座右铭。不计回报的默默付出感染着在校的每一位学子,所以图文并茂的微信一推出,就收到了良好的反响。桂林电子科技大学 2002 级校友曾鹏“我为军队骄傲,我为国家自豪”参加了两年阅兵仪式,荣获过二等功,现任某部副营职干部。学院名师陈小勇“敬业就是上好每一堂课,教好每一个学生”等名家微信的推送受到关注。这类名家主题微信的源于生活,能够使社会主义核心价值观与大学生近距离接触,心贴心的交流,更能加深大学生对社会主义核心价值观内涵的理解。

(四)线上线下主题活动的开展

通过线上线下的相结合的微信主题活动,更能深刻地诠释践行社会主义核心价值观,一方面引导大学生将解决思想问题和解决实际问题相结合,另一方面能够使大学生融入活动中,甚至转被动为主动,增强自我意识和主人翁精神。

在了解到我校毕业生消防警官杨科璋为救群众壮烈牺牲的第一时间,“魅力机电微信平台”不仅在线上推送“舍身取义铸忠诚,杨科璋学长一路走好”微信,还在线下联合桂林电子科技大学多个学院在我校科技楼广场举办一场千人大型悼念活动——学长,用生命告诉我

① 王辉. 基于微信平台的高校社会主义核心价值观传播实务探索——以桂林电子科技大学“魅力机电”微信公众号为例. 科技视界,2016. 05.

们“奉献”的真正意义，共同为他点亮去天堂的路。在线下活动取得圆满成功的同时，线上进行后续的报道，使社会主义核心价值观不再只是一个离我们很远的词。

为帮助更多的贫困学子完成学业，“魅力机电”微信公众平台联合“桂林电子科技大学资助中心”举办了为期三个月的“传递资助情，共圆学子梦”大型宣传活动，不仅在线上推出各类资助知识，线下也与广大师生进行了互动，使社会主义核心价值观深入人心。

在开展魅力之星颁奖典礼活动前期，线下与学院晨曦志愿者协会联合开展了为期三天的为力水小学两位小学生的魅力基金筹集活动，参与活动的不仅有老师，学生，甚至公寓阿姨也献出了一份爱心。以上是在众多的线下活动中选取的几件活动。实际上平台上线以来，开展了资助文化活动、特色团支部社会实践等活动，通过线下线上结合的形式，将社会主义核心价值观融于生活与多元化的网络中，通过丰富的形式以及在现实与网络中同步，起到良好的引导作用和教育效果。

三、结　语

桂林电子科技大学“魅力机电”微信公众号对社会主义核心价值观的传播实践，也是网络传媒视角下的马克思主义大众化的一次实战，从效果上看从很大程度上扩展了社会主义核心价值观的传播路径，优化了传播话语体系，充分发挥了微信公众平台灵活性强、更被大学生接纳的特点，从很大程度上提高了高校里社会主义核心价值观传播和推广的实效。因此，微信公众平台逐渐成为高校马克思主义大众化传播和推广的新的主阵地，它依托网络资源、新媒体资源，拓展了马克思主义大众化的方式方法。另外，把微信公众号通过日常生活化的方式充分运营起来,进行马克思主义大众化的话语转化,实现大众的马克思主义大众化,在青年学生和老师群体里面构建一套新颖的、与时俱进的信息知识分享和传播的体系,全面促进马克思主义大众化在高校的发展历程,从而进一步影响高校大学生人生观、价值观的树立和培养。当然,网络传媒视角下的马克思主义大众化不仅仅是在新媒体的形式和渠道上做文章,还包括由此形成的人际关系网络的信息传递,我们需要在更为广阔的内容制造上,信息传递次生出来的人际关系网络上做文章,探究复杂性网络背景下马克思主义的大众化。整个课题组对于网络传媒视角下的马克思主义大众化进行了理论梳理和实践探索,致力于网络传媒时代下的马克思主义大众化研究,期望能够抛砖引玉,对学界和理论界有所贡献和启发,也真真切切地希望能够应用并促进高校青年学生的社会主义核心价值传播与内化中。